Kauderwelsch
Band 6

Impressum

Martin Lutterjohann
Japanisch — Wort für Wort
erschienen im
REISE KNOW-HOW Verlag Peter Rump GmbH
Osnabrücker Str. 79, D-33649 Bielefeld
info@reise-know-how.de

10. Auflage 2002

Bearbeitung Peter Rump, Michael Blümke
Layout Elfi H. M. Gilissen
Layout-Konzept Günter Pawlak, FaktorZwo! Bielefeld
Umschlag Peter Rump (Foto: Japanische Fremdenverkehrszentrale)
Fotos Martin Lutterjohann
Druck und Bindung Fuldaer Verlagsagentur, Fulda

ISBN 3-89416-049-7
Printed in Germany

Dieses Buch ist erhältlich in jeder Buchhandlung der BRD, Österreichs, der Schweiz und der Benelux. Bitte informieren Sie Ihren Buchhändler über folgende Bezugsadressen:
BRD Prolit GmbH, Postfach 9, 35461 Fernwald (Annerod) sowie alle Barsortimente
Schweiz AVA-buch 2000, Postfach 27, CH-8910 Affoltern
Österreich Mohr Morawa Buchvertrieb GmbH Sulzengasse 2, A-1230 Wien
Belgien & Niederlande Willems Adventure, Postbus 403, NL-3140 AK Maasluis
direkt Wer im Buchhandel kein Glück hat, bekommt unsere Bücher zuzüglich Porto- und Verpackungskosten auch direkt beim **Rump Direktversand**, Heidekampstraße 18, D-49809 Lingen oder über unseren Internet-Shop: **www.reise-know-how.de**
Zu diesem Buch ist ein **Tonträger** erhältlich, ebenfalls in jeder Buchhandlung der BRD, Österreichs, der Schweiz und der Benelux.

Kauderwelsch

Martin Lutterjohann

Japanisch

Wort für Wort

鐘きえて
花の香はつく
夕べかな
芭蕉

Tempelglocken verstummen
Blütenduft bleibt
Ein vollkommener Abend

REISE KNOW-HOW
im Internet
www.reise-know-how.de
info@reise-know-how.de

Aktuelle Reisetipps und Neuigkeiten, Ergänzungen nach Redaktionsschluss, Büchershop und Sonderangebote rund ums Reisen

Die
REISE KNOW-HOW Verlag
Peter Rump GmbH
ist Mitglied der
Verlagsgruppe REISE KNOW-HOW

Kauderwelsch-Sprechführer sind anders!

Warum? Weil sie Sie in die Lage versetzen, wirklich zu sprechen und die Leute zu verstehen.

Wie wird das gemacht? Abgesehen von dem, was jedes Sprachbuch bietet, nämlich Vokabeln, Beispielsätze etc., zeichnen sich die Bände der Kauderwelsch-Reihe durch folgende Besonderheiten aus:

Die **Grammatik** wird in einfacher Sprache so weit erklärt, dass es möglich wird, ohne viel Paukerei mit dem Sprechen zu beginnen, wenn auch nicht gerade druckreif.

Alle Beispielsätze werden doppelt ins Deutsche übertragen: zum einen **Wort-für-Wort**, zum anderen in „ordentliches“ Hochdeutsch. So wird das fremde Sprachsystem sehr gut durchschaubar. Denn in einer fremden Sprache unterscheiden sich z.B. Satzbau und Ausdrucksweise recht stark vom Deutschen. Ohne diese Übersetzungsart ist es so gut wie unmöglich, schnell einzelne Wörter in einem Satz auszutauschen.

Die **Autorinnen** und **Autoren** der Reihe sind Globetrotter, die die Sprache im Land selbst gelernt haben. Sie wissen daher genau, wie und was die Leute auf der Straße sprechen. Deren Ausdrucksweise ist nämlich häufig viel einfacher und direkter als z.B. die Sprache der Literatur oder des Fernsehens.

Besonders wichtig sind im Reiseland **Körpersprache, Gesten, Zeichen** und **Verhaltensregeln**, ohne die auch Sprachkundige kaum mit Menschen in guten Kontakt kommen. In allen Bänden der Kauderwelsch-Reihe wird darum besonders auf diese Art der nonverbalen Kommunikation eingegangen.

Kauderwelsch-Sprechführer sind keine Lehrbücher, aber viel mehr als Sprachführer! Wenn Sie ein wenig Zeit investieren und einige Vokabeln lernen, werden Sie mit ihrer Hilfe in kürzester Zeit schon Informationen bekommen und Erfahrungen machen, die „taubstummen“ Reisenden verborgen bleiben.

Inhalt

Grammatik

Konversation

Anhang

威神無極

Vorwort

Wer sechs Jahre lang täglich drei Stunden Schriftzeichen – kanji – paukt, hörte ich einmal, kann dann endlich mit Hilfe eines Wörterbuches japanische Tageszeitungen lesen. Das klingt ungeheuer schwierig und kompliziert. In der Tat, wer lesen und schreiben können will, braucht Jahre. Aber die gesprochene Sprache ist gar nicht so schwer. Und allein auf diese konzentriert sich dieser Sprechführer. Die beiden Silbensysteme Hiragana und Katakana stellen wir dennoch der Vollständigkeit halber vor. Die Grammatik des Japanischen ist zwar mit europäischen Sprachen überhaupt nicht verwandt, aber die Regeln sind einfach zu lernen, und die Aussprache macht uns im Gegensatz zu den anderen ostasiatischen Sprachen keinerlei Mühe.

Höflich wie Japaner – nihon-jin – sind, werden sie unsere anfänglichen Bemühungen sofort und vorschnell belohnen:

nihon-go ga o-jôzu desu ne
Japan-Sprache 1 ehrw.-geschickt ist nicht-wahr
Sie sprechen aber sehr gut Japanisch.

Bis das Kompliment seine wirkliche Berechtigung hat, vergehen in der Regel wie bei jeder Sprache Jahre. Aber die höflichen und gastfreundlichen Japaner freuen sich ehrlich

darüber, dass Sie sich überhaupt auf ihre Sprache einlassen. Manche sind sogar so überrascht, wenn Ausländer – gaijin – ein Mal wirklich gut Japanisch sprechen, dass sie das gar nicht wahrnehmen und antworten:
„Sorry, I don't speak English." Ich hoffe, dass dieser Sprechführer Ihnen helfen kann, intensiveren Zugang zu Japanern zu bekommen und dass das Lernen dieser interessanten und schönen Sprache Ihnen zugleich auch Spaß macht.

Hinweise zur Benutzung

Der Kauderwelsch Sprechführer „Japanisch" enthält einen Grammatik- und einen Konversationsteil. Die Grammatik bietet das Wesentliche übersichtlich und kompakt dar. Ausnahmen und Unregelmäßigkeiten sind oft nicht erklärt, da diese den Lernenden in manchen Fällen eher verwirren anstatt zum Verständnis beizutragen. Wer nach der Lektüre gern noch tiefer in die Sprache Japanisch einsteigen möchte, findet im Anhang eine Bücherliste mit weiterführenden Lehrbüchern.

Der Konversationsteil vermittelt die im alltäglichen Sprachgebrauch wichtigen Redewendungen und Ausdrücke. Um die sich vom Deutschen unterscheidende Wortfolge japanischer Sätze zu verstehen, ist die Wort-für-

Wort-Übersetzung in kursiver Schrift gedacht. Jedem japanischen Wort entspricht ein Wort oder eine durch Bindestrich zusammengehaltene Wortkombination in der Wort-für-Wort-Übersetzung. Darüber hinaus werden die wichtigsten Sätze zum Daraufzeigen in japanischer Schrift geschrieben, falls Sie sich überhaupt nicht verständlich machen können.

Die Wörterlisten im Anhang enthalten einen Grundwortschatz von jeweils rund 1000 Einträgen Deutsch-Japanisch und Japanisch-Deutsch, mit denen man schon eine ganze Menge anfangen kann.

Umschlagklappe

Die Umschlagklappe hilft, die wichtigsten Sätze und Formulierungen stets parat zu haben. Hier finden sich außerdem die wichtigsten Angaben zur Aussprache und die Abkürzungen, die in der Wort-für-Wort-Übersetzung und in den Wörterlisten verwendet werden; weiterhin eine kleine Liste der wichtigsten Orts-, Richtungs- und Zeitangaben – wer ist nicht schon einmal aufgrund missverstandener Gesten im fremden Land auf die falsche Fährte gelockt worden?

Aufgeklappt ist die Umschlagklappe eine wesentliche Erleichterung, da nun die gewünschte Satzkonstruktion mit dem entsprechenden Vokabular aus den einzelnen Kapiteln kombiniert werden kann.

Wenn alles nicht mehr weiterhilft, dann ist vielleicht das Kapitel „Nichts verstanden? – Weiterlernen!“ der richtige Tipp. Es befindet sich ebenfalls im Umschlag, stets bereit mit der richtigen Formulierung für z. B. „Ich verstehe leider nicht.“ oder „Können Sie das bitte wiederholen?“ auszuhelfen.

Kauderwelsch-Tonträger

Falls Sie sich die fremdsprachigen Sätze und Wörter, die in diesem Buch vorkommen, einmal von einer Japanerin gesprochen anhören möchten, kann Ihnen Ihre Buchhandlung das begleitende Tonmaterial zu diesem Buch besorgen. Sie bekommen es auch über den Rump-Direktversand oder unseren Internetshop ***www.reise-know-how.de*** *zuzüglich Porto- und Verpackungskosten.*

Über die Sprache Japanisch

Japanisch ist aufgrund der über 120 Millionen Bewohner des japanischen Archipels eine der großen Sprachen der Welt. Es rangiert in der Zahl der Sprecher noch vor dem Deutschen. Außer den Japanern selbst sprechen es noch die größeren Minderheiten der Koreaner und Chinesen im Land. Aufgrund der kolonialen Vergangenheit und der Besatzungszeit während des 2. Weltkrieges können viele ältere Leute in Korea, China, Taiwan und anderswo heute noch Japanisch verstehen oder selbst sprechen. Auch nach Amerika (insbesondere Brasilien) ausgewanderte Japaner blieben ihrer Sprache häufig treu. Andere Sprachen spielen in Japan keine wesentliche Rolle. In Hokkaidô gibt es nur noch wenige Ainus, die ihre eigene Sprache beherrschen. Es werden immer weniger, so dass die Sprache der Ureinwohner Japans eines Tages vielleicht nur noch in Archiven gespeichert ist. Am südlichen Ende des Archipels, auf den Ryûkyû-Inseln, zu denen auch Okinawa gehört, werden dem Japanischen verwandte, aber von Japanern nicht verstandene Dialekte gesprochen. Standard-Japanisch, das auf dem während der Edo-Zeit (1600-1868) enstandenen Tôkyô-Dialekt basiert, verdrängt auch dort nach und nach die einheimischen Mundarten. Es gibt darüber hinaus regionale Dialekte und die städtischen Dialekte von Kyôto und Ôsaka,

Wegen der wirtschaftlichen Bedeutung Japans in Asien und der Welt, ist es heute an vielen ausländischen Schulen, auch in Deutschland, bereits Wahlfach und wird an Universitäten gelehrt.

die Varianten des Kansai-Dialektes sind, doch sind die Unterschiede weniger groß als die zwischen den deutschen Mundarten.

Japanisch hat gewisse strukturelle Ähnlichkeiten mit den Altai-Sprachen (zu denen Türkisch und Mongolisch gehören). Der Satzbau und überhaupt die Grammatik des Koreanischen ist mit dem Japanischen sehr verwandt, aber der Wortschatz ist völlig anders.

Von den austronesischen Sprachen (z. B. Polynesisch) hat Japanisch vor langer Zeit viele Wörter vor allem aus dem maritimen und pflanzlichen Bereich angenommen. Obwohl Japan von den Chinesen die Schrift übernommen hat und daraus im Verlauf der Jahrhunderte die eigenen Silbensysteme des Hiragana und Katakana abgeleitet hat, besteht keinerlei

Ähnlichkeit mit dem Chinesischen, außer dass viele Begriffe daraus entlehnt wurden.
Aus dem Deutschen wurde übrigens auch eine Reihe von Wörtern übernommen, insbesondere aus dem Bereich des Bergsteigens und Skifahrens, vor dem 2. Weltkrieg auch aus der deutschen Medizin. In moderner Zeit liefert allerdings Englisch die meisten neuen Wörter, wobei Japaner häufig aus englischen Begriffen völlig neue Wörter schaffen, die für englische Sprecher kaum noch oder überhaupt nicht mehr nachvollziehbar sind.

Chinesisch hat im Japanischen in etwa die Funktion des Griechischen und Lateinischen in den meisten europäischen Sprachen.

Übrigens unterscheidet sich die Sprechweise der Frauen bisweilen deutlich von der der Männer: sie ist weicher, eleganter, eben weiblicher im traditionelllen Sinne.

Katakana-Englisch

Alle Japaner(innen) lernen zwar Englisch in der Schule, aber nur wenige können es gut sprechen, weil sie die Sprache etwa so lebensnah lernen wie wir Latein oder Altgriechisch. Ihre Aussprache des Englischen folgt sehr stark dem Katakana-Silbensystem, mit dessen Hilfe sie die Aussprache lernen. Wenn Sie gegenüber wenig sprachgeübten Japanern Englisch sprechen oder auch nur einzelne englische Wörter benutzen, werden Sie besser verstanden, wenn Sie sie gewissermaßen nach dem Katakanasystem in Silben zerlegt aussprechen. Wer anfänglich Schwierigkeiten mit der japanischen Aussprache des Englischen haben sollte, braucht nur daran zu denken, dass ungeübte Japaner es so aussprechen, als sei es mit Katakana geschrieben.

Die japanische Schrift

Ab dem 5. Jh. übernahmen die Japaner die Schrift der Chinesen und nannten sie kanji; kan = *Han (Chinesen);* ji = *Zeichen.*

Da die Japaner ursprünglich keine eigene Schrift entwickelt hatten, übernahmen sie im Rahmen früher Kontakte mit China (die mehr oder weniger seit dem 1. Jh. unserer Zeitrechnung bestanden) ab etwa dem 5. Jh. deren aus Ideogrammen bestehende Schrift. Da Japanisch und Chinesisch jedoch eine ganz verschiedene Sprachstruktur haben, war diese Schrift nur sehr bedingt für Japanisch geeignet. Im Chinesischen gibt es keine Veränderungen der ursprünglich nur einsilbigen Wörter, während sich im Japanischen vor allem Eigenschaftswörter (Adjektive) und Tätigkeitswörter (Verben) durch Anhängen von Endsilben verändern. In der Regel werden die kanji, wenn sie allein stehen, rein japanisch gelesen – kun-yomi – und wenn sie mit anderen Zeichen einen zusammengesetzten Begriff bilden, sino-japanisch – on-yomi. Das hat nicht zuletzt praktische Gründe: chinesische Zeichen repräsentieren nur eine Silbe, während japanische Wörter meist mehrsilbig sind. Nehmen wir das Wort gai-jin = Ausländer, wörtlich „außen-Mensch“. Steht das Zeichen für „außen“ allein, liest man soto, das Zeichen für „Mensch“ liest man hito.

Es gibt Zehntausende chinesischer Schriftzeichen, vor der Sprachreform nach dem 2. Weltkrieg waren rund 5000-6000 kanji gebräuchlich. Mit der Reform verringerte die

Regierung diese Zahl auf 1945 offiziell für den Gebrauch in der Öffentlichkeit zugelassene Schriftzeichen jôyô kanji. Zusammen mit 284 zugelassenen Schriftzeichen für die Schreibung von Namen lernen die Schüler diese mehr als 2000 Zeichen bis zum Ende ihrer Schulzeit. Hinzu kommen mehrere tausend aus zwei Zeichen zusammengesetzte Begriffe, deren Kenntnis z. B. für die Zeitungslektüre unumgänglich ist. So wie wir immer neue Fremdwörter lernen, hören die Schüler und Studenten also nie auf, neue Schriftzeichen zu lernen – eine ausgezeichnete Schulung vor allem des visuellen Gedächtnisses.

jôyô = *oft benutzt*

Bereits vor dem 9. Jh. wurden für unterschiedliche Zwecke aus vereinfachten chinesischen Schriftzeichen zur Wiedergabe der japanischen Laute zwei Silbenschriften entwikelt, die heute je 48 Zeichen aufweisen: Das rundere Hiragana wurde ursprünglich ausschließlich von Frauen, denen der Zugang zur chinesischen Schrift anfangs verwehrt war, benutzt (daher auch onna-de = Frauenhand genannt), danach auch von Männern zum Schreiben von Gedichten. Heute werden damit japanische Wörter, grammatikalische Endungen und Partikel und grundsätzlich alle sino-japanischen Wörter, die nicht in der offiziellen Liste der jôyô-kanji zu finden sind, geschrieben. Es besteht im Japanischen anders als im Deutschen jedoch eine weitaus größere Freiheit bei der Rechtschreibung. Das

hira = *leicht, allgemein benutzt*
kana = *zeitweilig, inoffizielle Schreibweise*

kata = *bruchstückhaft*

eckige Katakana diente anfangs zur Kennzeichnung der Aussprache Chinesisch geschriebener buddhistischer Texte. Es verrät seine Herkunft aus chinesischen Schriftzeichen weit deutlicher. Heute wird es vor allem zur schriftlichem Wiedergabe von Lautmalereien, Namen der Flora und Fauna und generell für nicht-chinesische Lehnwörter verwendet, aber auch zur Hervorhebung japanischer Wörter, etwa in Entsprechung zur Kursivschrift bei uns.

Mit Katakana können wir im Straßenbild die Namen vieler Lokale entziffern, unsere Namen werden natürlich auch damit geschrieben; mit Hiragana haben wir Zugang zu Teilen der Schrift.

Für die japanische Sprache gibt es aber auch offizielle Umschriften in lateinischer Schrift – rôma-ji. Allgemein in Gebrauch ist das modifizierte Hepburn-/Standard-System – hyôjun–, welches auch in diesem Sprechführer benutzt wird.

Wichtige Aufschriften		
出口	**de-guchi**	Ausgang
入口	**iri-guchi**	Eingang
男	**otoko**	Mann
女	**onna**	Frau
手洗い	**(o-)te-arai**	Toilette
便所	**ben-jo**	Toilette
温泉	**on-sen**	Thermalbad
駅	**eki**	Bahnhof, Station
交番	**kôban**	Polizeibox
店	**mise**	Laden, Geschäft
電話	**denwa**	Telefon
食堂	**shoku-dô**	Esslokal
寺	**(o-)tera**	buddhistischer Tempel
神社	**jin-ja**	Shinto-Schrein

Hiragana

ん	わ	ら	や	ま	は	な	た	さ	か	あ
n	**wa**	**ra**	**ya**	**ma**	**ha**	**na**	**ta**	**sa**	**ka**	**a**
	い	り	い	み	ひ	に	ち	し	き	い
	i	**ri**	**i**	**mi**	**hi**	**ni**	**chi**	**shi**	**ki**	**i**
	う	る	ゆ	む	ふ	ぬ	つ	す	く	う
	u	**ru**	**yu**	**mu**	**fu**	**nu**	**tsu**	**su**	**ku**	**u**
	え	れ	え	め	へ	ね	て	せ	け	え
	e	**re**	**e**	**me**	**he**	**ne**	**te**	**se**	**ke**	**e**
	を	ろ	よ	も	ほ	の	と	そ	こ	お
	o	**ro**	**yo**	**mo**	**ho**	**no**	**to**	**so**	**ko**	**o**

Von oben nach unten und von rechts nach links werden Bücher traditionellerweise gelesen. Heute sieht man jedoch auch Texte die wie bei uns, von links nach rechts waagerecht gelesen werden.

Man beginnt rechts oben, liest jede Spalte nach unten und beginnt in der nächsten Spalte wieder oben. Hier also liest man a, i, u, e, o, dann ka, ki, ku, ke, ko, usw.

Die Spalten mit ka, sa, ta, ha kann man auch durch Anführungsstriche rechts oben zu ga, za, da, ba erweichen, und die Spalte ha durch einen kleinen Kreis rechts oben zu pa erhärten:

Im Japanischen gibt es kein si, ti, tu *sondern* shi, chi, tsu.

Bei den weichen stimmhaften Silben ji, zu *gibt es je zwei Formen.*

ぱ	ば	だ	ざ	が
pa	**ba**	**da**	**za**	**ga**
ぴ	び	ぢ	じ	ぎ
pi	**bi**	**ji**	**ji**	**gi**
ぷ	ぶ	づ	ず	ぐ
pu	**bu**	**zu**	**zu**	**gu**
ぺ	べ	で	ぜ	げ
pe	**be**	**de**	**ze**	**ge**
ぽ	ぼ	ど	ぞ	ご
po	**bo**	**do**	**zo**	**go**

In der ya-*Spalte gibt es für* -i, -e *keine eigene Form und in der* wa-*Spalte sind nur* wa, o *(Endungen für 4. Fall/Akkusativ) gebräuchlich.*

n *steht nur am Wortende:* hon = *Buch* ni-hon = *Japan*

Bei einigen zusammengesetzten Silben ist das zweite Zeichen kleiner geschrieben:

り	み	ひ	に	ち	し	き
や	や	や	や	や	や	や
rya	**mya**	**hya**	**nya**	**cha**	**sha**	**kya**
り	み	ひ	に	ち	し	き
ゆ	ゆ	ゆ	ゆ	ゆ	ゆ	ゆ
ryu	**myu**	**hyu**	**nyu**	**chu**	**shu**	**kyu**
り	み	ひ	に	ち	し	き
よ	よ	よ	よ	よ	よ	よ
ryo	**myo**	**hyo**	**nyo**	**cho**	**sho**	**kyo**

ぴ	び	ぢ	じ	き
や	や	や	や	や
pya	**bya**	**ja**	**ja**	**gya**
ぴ	び	ぢ	じ	き
ゆ	ゆ	ゆ	ゆ	ゆ
pyu	**byu**	**ju**	**ju**	**gyu**
ぴ	び	ぢ	じ	き
よ	よ	よ	よ	よ
pyo	**byo**	**jo**	**jo**	**gyo**

Bei Silben mit langen Selbstlauten wird noch ein u angehängt, z. B. byô *(Sekunde)*; es setzt sich zusammen aus bi, kleines yo und u. Kurze, betonte Selbstlaute werden mit kleinem tsu hinter der betreffenden Silbe geschrieben; chotto *(etwas)* beispielsweise setzt sich zusammen aus chi, kleinem yo und tsu, dann to.

Katakana

Im Straßenbild findet man viele Lokalnamen, Produkte mit Katakana geschrieben. Also ist auch dieses System sehr nützlich und wichtig.

ン	ワ	ラ	ヤ	マ	ハ	ナ	タ	サ	カ	ア
n	**wa**	**ra**	**ya**	**ma**	**ha**	**na**	**ta**	**sa**	**ka**	**a**
	イ	リ	イ	ミ	ヒ	ニ	チ	シ	キ	イ
	i	**ri**	**i**	**mi**	**hi**	**ni**	**chi**	**shi**	**ki**	**i**
	ウ	ル	ユ	ム	フ	ヌ	ツ	ス	ク	ウ
	u	**ru**	**yu**	**mu**	**fu**	**nu**	**tsu**	**su**	**ku**	**u**
	エ	レ	エ	メ	ヘ	ネ	テ	セ	ケ	エ
	e	**re**	**e**	**me**	**he**	**ne**	**te**	**se**	**ke**	**e**
	ヲ	ロ	ヨ	モ	ホ	ノ	ト	ソ	コ	オ
	o	**ro**	**yo**	**mo**	**ho**	**no**	**to**	**so**	**ko**	**o**

Die übrigen Kombinationen werden genau wie im Hiragana gebildet.

Das Schreiben der Schriftzeichen

Alle chinesischen Zeichen, selbst die kompliziertesten mit über 20 Strichen, setzen sich aus zwölf Grundstrichen zusammen:

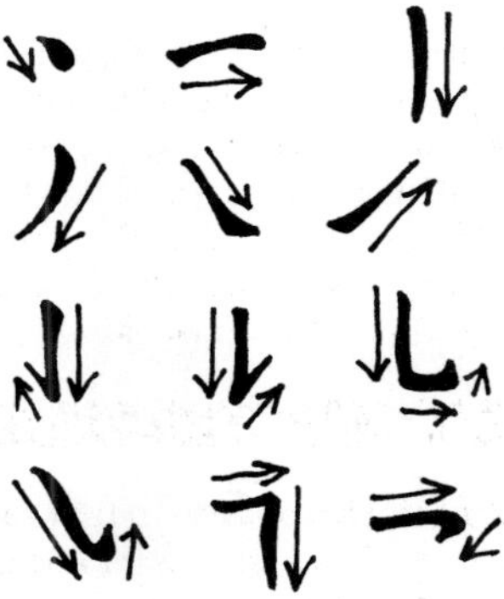

Geschrieben werden die Zeichen von links nach rechts und oben nach unten. Aber das lassen Sie sich am besten von Einheimischen vormachen.

Die Aussprache

Die Aussprache des Japanischen ist für uns sehr einfach. Die Selbstlaute (Vokale) werden wie im Deutschen ausgesprochen, es gibt eine kurze und lange Form, zunächst die kurze:

a	wie in „Katze"
e	offen wie in „essen"
i	wie in „kitzeln"
o	geschlossen wie in „so", vor Doppelmitlaut offen wie in „Koffer"
u	wie in „Zug", aber nicht mit gespitztem Mund

Die langen Selbstlaute werden üblicherweise in der Umschreibung so geschrieben: â, ei, ii, ô, û – das lange „e“ wird also ei geschrieben und dann auch „e-i“ bzw. geschlossen wie in „gehen“ ausgesprochen; ô (geschlossen wie in „Ofen“) wird manchmal auch als ou geschrieben, entsprechend der Umschreibung der Schreibart in den beiden Silbensystemen. Zwischen stimmlosen Mitlauten (Konsonanten) werden i und u fast verschluckt. Ansonsten werden Selbstlaute nicht verschluckt.

In diesem Buch werden das verschluckte i *und* u *durchgestrichen, z. B.:* ari-mas~~u~~

Die Mitlaute ch, sh, j, w, y, z werden wie im Englischen ausgesprochen, ansonsten gilt:

fu	zwischen „h“ und „f“, **fuku** = wehen
g	wird in der Wortmitte leicht nasaliert, etwa wie „ng“, **nagai** = lang
hi	fast wie „ch“ in ich
n	am Wortende leicht nasaliert, **hon** = Buch
r	zwischen leicht gerolltem „r“ und „l“ (die Unterscheidung fällt Japanern schwer), keinesfalls als Kehlkopf-r
‘	Kehlkopfverschlusslaut zwischen zwei getrennt gesprochenen Silben, also ein deutlicher Stimmabsatz wie in ge’eignet, **man’in** = voll (von Menschen)

Betonung/Akzent

Im Japanischen gibt es keine bezeichneten Akzente aber leichte Unterschiede in der Tonhöhe einzelner Silben, die in einigen Fällen

(o-)háshi = *Essstäbchen*
hashí = *Brücke*

kakí = *Zaun*
káki = *Auster*

bedeutungs-unterscheidend sind. Im allgemeinen werden Sie aber auch verstanden, wenn Sie monoton Silbe für Silbe mit dem gleichen Ton aussprechen würden. Betont werden am ehesten lange Selbstlaute, oft aber für die Bedeutung nebensächliche, grammatikalische Anhängsel. Durch Zuhören und Imitieren lernen Sie den korrekten Klang der Wörter und die korrekte Satzmelodie.

Wörter, die weiterhelfen

Sie sind gerade erst in Japan gelandet und brauchen das Wichtige auf die Schnelle:

Wo gibt es ...? / Wo ist ...?

... ga doko ni ari-masu ka
... 1 wo in gibt-es ?
Wo gibt es ein(e) ...?

toire ga doko ni ari-masu ka
Toilette 1 wo in gibt-es ?
Wo gibt es eine Toilette?

... doko desu ka
... wo ist ?
Wo ist der/die/das ...?

Wörter, die weiterhelfen

Tôkyô eki doko des~~u~~ ka
Tokyo Bahnhof wo ist ?
Wo ist der Bahnhof Tokyo?

bas~~u~~	Bus
byôin	Krankenhaus
densha	Zug
denwa	Telefon
hon-ya	Buchladen
hoter~~u~~	Hotel
ichiba	Markt
jinja	Shintô-Schrein
kôban	Polizeibox
kûkô	Flughafen
minato	Hafen
mise	Laden
shoku-dô	Lokal
taishi-kan	Botschaft
takushii	Taxi
yûbin-kyoku	Postamt

Gibt es ...? / Haben Sie ...?

... ga ari-mas~~u~~ ka

ko-shitsu	Einzelzimmer
futari-beya	Doppelzimmer
kuda-mono	Obst
yasai	Gemüse
kami	Papier
ehagaki	Postkarte
kitte	Briefmarke
tabako	Zigaretten

Hauptwörter und ihre Beugung

Es gibt für Hauptwörter (Substantive) weder Geschlecht, Artikel, Mehrzahl noch Beugung (Deklination). Zur Kennzeichnung der „Fälle" werden entsprechende Partikel hinter das Hauptwort gestellt. In der Wort-für-Wort-Übersetzung stehen Zahlen an deren Stelle.

Nominativ, 1. Fall	**wa*/ga**	**hito wa/ga**	der Mensch
Genitiv, 2. Fall	**no**	**hito no**	des Menschen
Dativ, 3. Fall	**ni**	**hito ni**	dem Menschen
Akkusativ, 4. Fall	**o**	**hito o**	den Menschen

wa / ga

wa bezeichnet genaugenommen eine Hervorhebung des Hauptwortes, etwa im Sinne von: was ... betrifft. ga bezeichnet den Satzgegenstand (Nominativ), oft sind die beiden Partikel austauschbar. Zwischen zwei Sätzen bedeutet ga „aber".

no

no verbindet zwei Hauptwörter. Im Japanischen wird der 2. Fall jedoch umgekehrt zum Deutschen gebildet. Auch kann man, wenn man den genauen Begriff nicht kennt, zwei Hauptwörter durch no verknüpfen.

bunka no hi
Kultur 2 Tag
Tag der Kultur

tomodachi no uchi / ie
Freund 2 Haus/Haus
das Haus des Freundes

Der Tag der Kultur ist am 3. November.

Wenn der Zusammenhang klar ist, kann das 2. Hauptwort weggelassen werden:

kono uchi wa dare no uchi desu ka
dieses Haus 1 wer 2 Haus ist ?
Wessen Haus ist dies?

tomodachi no desu
Freund 2 ist
Es ist das Haus des Freundes.

Manchmal werden mit no aus Hauptwörtern auch Eigenschaftswörter gebildet:

kinô no eiga
gestern 2 Film
der gestrige Film

ni

Neben dem 3. Fall (indirektes Objekt) bezeichnet ni auch noch Ort (in, bei), Zeit (um), Zweck (zum), Hineinbewegung (in), etc.

watashi no tomodachi ni hon o agemasu
ich 2 Freund 3 Buch 4 gebe
Ich gebe meinem Freund das Buch.

o

Der Beispielsatz mit ni war zugleich ein Beispiel für den 4. Fall, der das direkte Objekt bezeichnet.

kanojo wa nani o tabemas~~u~~ ka
sie 1 was 4 isst ?
Was isst sie/Was will sie essen?

o zusammen mit einem Tätigkeitswort kennzeichnet auch eine Herausbewegung:

densha o ori-mas~~u~~
Zug 4 aussteigen
Ich steige aus dem Zug aus.

ie o de-mas~~u~~
Haus 4 herausgehen
Wir gehen aus dem Haus.

Mehrzahl

Die Mehrzahl braucht im allgemeinen nicht ausgedrückt zu werden, wenn sie aus dem Zusammenhang hervorgeht, z.B. durch Mengenbegriffe wie tak~~u~~san *(viele)*. Am häufigsten benutzt man Mehrzahl-Endungen bei Menschen: -tachi (höflicher: -gata) oder -ra.

kodomo	Kind
kodomo-tachi	(die) Kinder

sensei	Lehrer
sensei-gata	(die) Lehrer
kare	er
kare-ra	sie (Mz. männl.)

Die Mehrzahl kann auch durch Verdoppelung gebildet werden:

Nihon Ar~~u~~p~~u~~s~~u~~ no yama-yama
Japan Alpen 2 Berg-Berg
die Berge der Japanischen Alpen

hito	Mensch	**hito-bito**	Menschen

Dabei wird das zweite Wort klanglich angeglichen, was im Japanischen häufig vorkommt.

Das Geschlecht der Hauptwörter

Das natürliche Geschlecht von Hauptwörtern wird ebenfalls nicht ausgedrückt, wenn es aus dem Zusammenhang hervorgeht. Eine einfache Art, das Geschlecht auszudrücken, ist bei Menschen das Voranstellen von weiblich/männlich vor das Hauptwort:

ko(domo)	Kind	
onna	Frau	
otoko	Mann	
onna-no	weiblich	*Frau-2*
otoko-no	männlich	*Mann-2*
onna-no-ko	Mädchen	*Frau-2-Kind*
otoko-no-ko	Junge	*Mann-2-Kind*

Eigenschaftswörter

chiisai kodomo
= *das kleine Kind, ein kleines Kind*

kodomo chiisai
= *das Kind ist klein*

Eigenschaftswörter (Adjektive) werden wie im Deutschen vor das Hauptwort gestellt oder stehen am Satzende, wobei sie dann die Bedeutung „er/sie/es ist ..." haben. Die meisten Eigenschaftswörter enden auf einen Selbstlaut plus -i (i-Eigenschaftswörter).

Für die Bildung von Umstandswörtern (Adverbien) und der verschiedenen Zeitformen und Aspekte erhält man durch Weglassen dieses -i den Wortstamm, an den die entsprechenden Endungen angehängt werden. Hier eine kleine Auswahl gebräuchlicher Eigenschaftswörter:

auch: früh/spät (zu hayai/osoi)

ôkii	groß	**chiisai**	klein
muzukashii	schwierig	**yasashii**	einfach
omoi	schwer	**karui**	leicht
atarashii	neu	**furui**	alt
wakai	jung	**toshiyori**	alt
takai	teuer	**yasui**	billig
takai	hoch	**hikui**	niedrig
tôi	weit	**chikai**	nah
hayai	schnell	**osoi**	langsam
nagai	lang	**mijikai**	kurz
atsui	heiß	**samui**	kalt

Aus solchen Eigenschaftswörtern kann man leicht Hauptwörter bilden, indem man an Stelle des -i ein -sa anhängt:

atsui	warm	**ôkii**	groß
atsusa	Hitze	**ôkisa**	Größe

Farben — iro

aoi	blau, grün	**akai**	rot
chairoi	braun	**kuroi**	schwarz
kiiroi	gelb	**shiroi**	weiß
midori	grün		

Eine kleinere Gruppe von Eigenschaftswörtern, die sich vor allem von nicht-japanischen, meist chinesischen Hauptwörtern ableitet und nicht unbedingt auf -i endet, werden na-Eigenschaftswörter genannt, weil zwischen Eigenschaftswort und Hauptwort -na geschoben wird. Bei dieser Gruppe muss des~~u~~ hinzugefügt werden, wenn man das Eigenschaftswort am Satzende verwendet in der Bedeutung „er/sie/es ist ...“ .

kirei	schön
kirei-na hana	eine schöne Blume
hana wa kirei des~~u~~	Die Blume ist schön.

Hier einige aus der na-Gruppe zum Vergleich:

shizuka	ruhig
modan	modern
anzen	sicher
yûmei	berühmt
baka	dumm
benri	günstig

Steigern & Vergleichen

Es ist ganz einfach! So geht's:

Steigern

Eigenschaftswörter werden gesteigert durch Voranstellen von:

motto	mehr
mottomo / ichiban	am ... -sten

Komparativ (1. Steigerungsstufe)			
ii	gut	**yasui**	billig
motto ii	besser	**motto yasui**	billiger

Superlativ (2. Steigerungsstufe)	
mottomo ii	am besten
ichiban ii	am besten
mottomo yasui	am billigsten
ichiban yasui	am billigsten

Und einige Umstandswörter der Intensität:

totemo	sehr
totemo kirei	sehr schön
taihen	außergewöhnlich
teihen kirei	außergewöhnlich schön
amari	ziemlich
amari kirei	ziemlich schön
amari ... nai	nicht besonders
amari kirai de wa nai	nicht besonders schön

Vergleichen

Die einfachste Form des Vergleiches ist das Voranstellen von yori vor das Eigenschaftswort:

Tôkyô wa Yokohama yori ôkii desu
Tokyo 1 Yokohama als groß ist
Tokyo ist größer als Yokohama.

Umstandswörter

Die Umstandwörter werden von den Eigenschaftswörtern ausgehend gebildet, indem bei denen der ersten Gruppe statt des -i ein -ku angehängt wird und bei denen der zweiten Gruppe statt -na ein -ni:

hayai	schnell
hayaku hashiru	schnell laufen
shizuka(-na)	ruhig
shizuka-ni asobu	ruhig spielen
chikai	nah
chikaku-ni	in der Nähe

kanojo wa Sapporo no chikaku ni sunde-i-masu
sie 1 Sapporo 2 Nähe 3 lebt
Sie lebt in der Nähe von Sapporo.

Persönliche Fürwörter

Im Japanischen gibt es nicht nur je eine Form von persönlichen Fürwörtern. Sie richten sich wie in anderen asiatischen Sprachen nach der sozialen Stellung und dem Grad der Vertrautheit der Sprecher miteinander. Bei uns gab es in der Vergangenheit auch Vergleichbares, z. B. „meine Wenigkeit" = ich, „Ihre Gnaden" = Sie, usw. Es genügen jedoch im allgemeinen:

Früher gab es im Japanischen z. B. allein für „ich" rund 30 Wörter, heute sind es noch ein halbes Dutzend.

wata(ku)shi	ich
wata(ku)shi-tachi / anata	du, Sie
ware-ware	wir
kare / kanojo	er / sie
anata-tachi	ihr
kare-ra	sie (Mz)

Jedoch sollten Sie bei der Anrede lieber Titel bzw. Namen verwenden anstatt anata. Gegenüber Ranghöheren wirkt es unhöflich, es sei denn, Sie kennen weder Titel noch Namen.

Wer mehr Feinheiten lernen möchte, hat hier noch einige weitere Formen zur Auswahl.

Tatsächlich kommt man im Japanischen meist ohne das direkte du bzw. Sie aus.

ich	
(w)atashi	neutral, für beide Geschlechter
watakʉshi	höflich, gegenüber Älteren, Ranghöheren
atakʉshi	nur von Frauen gebraucht, sehr höflich
boku	normalerweise unter Männern gleichen Ranges
ore	niedere Umgangssprache unter Männern

ore *ist unter Männern in Ôsaka allgemein gebräuchlich.*

du, Sie	
anata	neutral, von Frauen gebraucht, unter Ehepartnern
anata-sama	sehr höflich
kimi	nur von Männern gegenüber Freunden, Untergebenen
omae	weniger höflich, nur von Männern gebraucht

anata bzw. anata-sama benutzt man nur dann, wenn man Name, Titel, Position der angesprochenen Person nicht kennt. Wenn man jemanden anspricht, sagt man erst Mal sumimasen = Verzeihung. (Verheiratete) Frauen werden meist mit okʉ-san = Ehefrau angeredet.

anata-sama *verwendet man gegenüber Ranghöheren, Älteren.*

er, sie, es	
kare	er
kanojo	sie
sore	es (wird meist weggelassen)
ano hito	jener Mensch = er, sie (höflicher als kare/kanojo)
ano kata	jene ehrenwerte Person = er, sie (noch höflicher)

wir, ihr, sie	
wata(ku)shi-tachi	wir (neutral)
ware-ware	wir (unter Männern)
watakushi-domo	wir (höflich bescheiden)
anata-tachi	ihr, Sie (Mz.)
anata-gata	ihr, Sie (Mz., höflicher)
kare-/kanojo-tachi	sie (männl./weibl.)
kare-ra	sie (neutral)

Beugung der persönlichen Fürwörter

Die persönlichen Fürwörter werden wie Hauptwörter durch Nachstellen der entsprechenden Partikel gebeugt:

watakushi wa = ich	**anata wa** = du, Sie
watakushi no = mein	**anata no** = dein, Ihr
watakushi ni = mir	**anata ni** = dir, Ihnen
watakushi o = mich	**anata o** = dich, Sie

So erhält man also durch Nachstellen der Genitiv-Partikel no das besitzanzeigende Fürwort (mein, dein, ...).

watakushi no hon
mein Buch

anata no kaisha
deine/Ihre Firma

Dieses & Jenes / Hier & Dort

Die hinweisenden Fürwörter (Demonstrativpronomen) sind nach einem einfachen System aufgebaut:

ko-	nahe dem Sprecher
so-	nahe dem Zuhörer
a-	weiter weg, aber sichtbar oder bekannt
do-	Fragewort

An diese Silbe werden abhängig davon, ob es sich um eine Sache, einen Ort oder eine Richtung handelt, folgende Silben angehängt:

-re	für Sachen, Gegenstände
-no	bei adjektivischem Gebrauch, also vor einem Hauptwort
-ko	für Ortshinweise
-chira	für Richtungshinweise

Daraus ergeben sich folgende hinweisende Fürwörter:

dieses & jenes (alleinstehend)	
kore	dies
sore	das
are	jenes
dore	welche(r/s)? (Gegenstand)

Dieses & Jenes / Hier & Dort

kore wa watashi no hon des~~u~~
dies 1 ich 2 Buch ist
Das ist mein Buch.

diese(r) / jene(r) (mit Hauptwort)	
kono	diese(r/s)
sono	der/die/das ... da
ano	jene(r/s)
dono	welche(r/s)?

kono hana wa totemo kirei des~~u~~
diese Blume 1 sehr schön ist
Diese Blume ist sehr schön.

ano kuruma mô furui (des~~u~~)
jener Wagen schon alt (ist)
Jener Wagen ist schon alt.

ano kuruma dono gurai furui des~~u~~ ka
jener Wagen wie etwa alt ist ?
Wie alt ist der Wagen etwa?

hier & dort			
koko	hier	**kochira**	hierhin
soko	da	**sochira**	dahin
asoko	dort (hinten)	**achira**	dorthin
doko	wo?	**dochira**	wohin?

Tätigkeitswörter

Die Tätigkeitswörter stehen anders als im Deutschen immer am Satzende. Sie enden in der in Wörterbüchern angegebenen Grundform, die eigentlich die Gegenwart bzw. die Nicht-Vergangenheit ausdrückt, stets auf -u (1. Gruppe) oder -ru (2. Gruppe).

Person und Zahl wird im Japanischen nicht durch das Tätigkeitswort selbst, sondern nur durch das persönliche Fürwort ausgedrückt. An den Stamm werden je nach Form verschiedene Partikel oder Silben angehängt, wobei man beachten muss, dass sich der Stamm bei einigen Formen durch Assimilation ändert.

Es gibt eine große Zahl von Formen und Funktionswörtern, mit denen alle möglichen Aspekte einer Handlung ausgedrückt werden. Die Tätigkeitswörter können in einer Grund- und in einer höflichen Form verwendet werden. In der Familie, unter Freunden und vertrauten Kollegen, aber auch in Büchern, Artikeln u. ä wird die Grundform benutzt. Für den Reisenden, der in der Regel keine so engen Beziehungen zu Einheimischen hat, ist die höfliche Form jedoch angemessener. Sie wird in der täglichen Unterhaltung zwischen zwei Erwachsenen, die nicht befreundet sind, und meist auch in Briefen verwendet.

1. Gruppe
– wenn der Stamm auf einen Mitlaute endet, z. B.:
kak-u = *schreiben*

2. Gruppe
– wenn der Stamm auf einen Selbstlaut endet, z. B.:
tabe-ru = *essen*
mi-ru = *sehen*

Tätigkeitswörter

Höfliche Form

Zur Kennzeichnung der Endungen wird im Grammatikteil zwischen Stamm und Endung ein „-“ geschrieben. Im Konversationsteil sind Stamm und Endungen zusammengeschrieben.

In der höflichen Form werden an den Stamm entsprechende Formen des Hilfswortes -masʉ angehängt, und zwar in der 2. Tätigkeitswortgruppe direkt, in der 1. Gruppe an ein zwischengeschobenes -i:

-masʉ	Nicht-Vergangenheit
-masen	Nicht-Vergangenheit, verneint
-mashɨta	Vergangenheit
-masen deshɨta	Vergangenheit, verneint
-mashô	Absicht, lasst uns...

Wer keine besonderen Ansprüche an die eigene Sprachfertigkeit stellt, kann damit bereits recht gut auskommen:

Tätigkeitswörter der 1. Gruppe (höflich)

kak-i-masʉ	ich schreibe, du schreibst, usw.
kak-i-masen	(ich) schreibe nicht
kak-i-mashɨta	(ich) schrieb; habe geschrieben
kak-i-masen deshɨta	(ich) schrieb nicht
kak-i-mashô*	lasst uns schreiben
kak-u deshô*	(ich) werde wohl schreiben
kak-i-masen deshô	(ich) werde wohl nicht schreiben
ka-i-te-kudasai	schreiben Sie bitte! (assimiliert von kak-i-te)
kak-a-naide kudasai	schreiben Sie bitte nicht!

Tätigkeitswörter der 2. Gruppe (höflich)

tabe-masʉ	ich esse, du isst, usw.
tabe-masen	(ich) esse nicht
tabe-mashɨta	(ich) aß; habe/hatte gegessen
tabe-masen deshɨta	(ich) aß nicht
tabe-mashô*	lasst uns essen
taberu deshô*	(ich) werde wohl essen
tabe-masen deshô	(ich) werde wohl nicht essen
tabe-te-kudasai	essen Sie bitte!
tabe-naide kudasai	essen Sie bitte nicht!

* Mit diesen beiden Formen wird eine bevorstehende Absicht ausgedrückt. Sie entsprechen in etwa der Zukunftsform. Geht aus dem Zusammenhang hervor, dass es sich um etwas Zukünftiges handelt, ist die Futurform nicht notwendig. Man begnügt sich dann wie im Deutschen mit der Gegenwartsform plus entsprechenden Zeitangaben:

rai-shû Nagoya e iki-masʉ
nächste-Woche Nagoya nach gehen
Nächste Woche fahren wir nach Nagoya.

ashɨta kare wa Sendai kara kaeri-masʉ
morgen er 1 Sendai aus zurückkehren
Morgen wird er aus Sendai zurückkehren.

Bei den beiden unregelmäßigen Tätigkeitswörter suru *(machen, tun)* und kuru *(kommen)* lautet der Stamm shi- bzw. ki-, ansonsten verhalten sie sich wie Tätigkeitswörter der 2. Gruppe:

shi-mas~~u~~	ich mache, du machst, usw.
ki-mas~~u~~	ich komme, du kommst, usw.

Die beiden Formen des Tätigkeitswortes „sein, sich befinden, haben, es gibt" = iru (bei Lebewesen) und aru (bei Gegenständen) werden wie die Tätigkeitswörter der 2. Gruppe behandelt:

i-/ari-mas~~u~~	ist/sind, befindet sich, es gibt, haben
i-/ari-mash~~i~~ta	war(en), befand sich, es gab, hatte
i-/ari-masen	ist/sind nicht, befindet sich/es gibt nicht
i-/ari-masen desh~~i~~ta	war(en) nicht, befand sich/es gab nicht
iru/aru-deshô	ist/sind wohl, es gibt wohl
i-/ari-masen deshô	ist/sind wohl nicht, es gibt wohl nicht

Die höfliche Form des Verbindungswortes da *(sein)* ist des~~u~~. Es wird fast so wie -mas~~u~~ verändert (konjugiert):

	des~~u~~	ist/sind
	desh~~i~~ta	war(en)
	deshô	ist/sind wohl
aber:	**de wa arimasen**	ist/sind nicht

Grundform

Diese Form wird nicht nur in vertrautem Kreis, sondern auch bei der Konjunktion von prädikativ gebrauchten Eigenschaftswörtern verwendet. Mittels des Verbindungswortes des~~u~~ lassen sich bestimmte Aspekte auch höflich ausdrücken.

Tätigkeitswörter der 1. Gruppe (Grundform)

kak-u	(ich) schreibe, du schreibst ...
kak-a-nai	(ich) schreibe nicht
kai-ta	(ich) schrieb
kak-a-nakatta	(ich) schrieb nicht
kak-ô	lasst uns schreiben
kak-i-tai (des~~u~~)	(ich) möchte schreiben

bzw. habe/hatte geschrieben

Tätigkeitswörter der 2. Gruppe (Grundform)

tabe-ru	(ich) esse
tabe-nai	(ich) esse nicht
tabe-ta	(ich) aß
tabe-nakatta	(ich) aß nicht
tabe-yô	lasst uns essen
tabe-tai (des~~u~~)	(ich) möchte essen

bzw. habe/hatte gegessen

Konjugationsformen der beiden unregelmäßigen Tätigkeitswörter suru *(machen, tun)* und kuru *(kommen)*:

su-ru/ku-ru	(ich) mache/komme
shi-nai/ko-nai	(ich) mache/komme nicht
shi-ta/ki-ta	(ich) machte/kam
shi-nakatta/ko-nakatta	(ich) machte/kam nicht
shi-yô/ko-yô	(ich) werde wohl machen/kommen
shi-tai/ki-tai	(ich) möchte machen/kommen

Die umgangssprachlichen Formen von da:

de wa nai *wird oft verkürzt zu* ja nai

da	ist/sind
de wa nai	ist/sind nicht
da-tta	war(en)
de wa nakatta	war(en) nicht
da-rô	wird/werden wohl

Gebraucht man Eigenschaftswörter in der Bedeutung „er/sie/es ist + Eigenschaftswort" werden an ihren Stamm (siehe im Kapitel Eigenschaftswörter) bestimmte Silben/ Endungen angehängt um Verneinung oder Vergangenheit auszudrücken.

samu-i	(es ist) kalt
samu-ku nai	(es ist) nicht kalt
samu-katta	es war kalt
samu-ku-nakatta	es war nicht kalt

Weitere Verbformen

Hier sind noch einige Feinheiten, die man nicht unbedingt wissen muss, mit denen man seinen Sprachgebrauch aber deutlich verbessert. Mit der Partizipform -te lassen sich sehr viele Aspekte einer Handlung ausdrücken. Hier eine Auswahl der wichtigeren Verbindungen:

-te mo ii = dürfen, Erlaubnis bekommen

hai-tte mo ii des~~u~~ ka
hereinkommend auch gut ist ?
Darf ich hereinkommen?

hai-ru
= *hereinkommen*

tabako o su-tte mo ii des~~u~~ ka
Tabak 4 rauchen auch gut ist ?
Darf ich rauchen?

su-u
= *einsaugen, rauchen*

-te wa ike-nai/masen = nicht dürfen

koko de tabako o su-tte wa ike-masen
hier in Tabak 4 rauchend 1 geht-nicht
Hier darf man nicht rauchen.

-nakute mo ii = nicht brauchen

ko-nakute mo ii (n) des~~u~~
kommend-nicht auch gut ist
Du brauchst nicht zu kommen.

-te ik-u = etw. weitermachen

tabe-te iki-mash~~i~~ta
essend ging
(Er) aß weiter.

kudasa-ru = *geben(höfl.)*

-te kudasai = bitte tu ...

rai-getsu mata ki-te kudasai
nächster-Monat wieder kommend geben(höfl.)
Kommen Sie bitte nächsten Monat wieder.

mi-ru = *sehen*

-te miru = etw. (aus)probieren

tabe-te mi-masen ka
essend sehen-nicht ?
Magst du es nicht kosten?

-te shimau = etw. zu tun beenden

kai-te shimai-mash~~i~~ta
schreibend beendete
(Ich) habe es zu Ende geschrieben.

Eine sehr häufig gebrauchte Form, die ziemlich genau der englischen *continuous form* entspricht, wird mit -te-i-mas~~u~~ gebildet: Handlungen, die noch andauern; ein Zustand, der aus der Vergangenheit herrührt; besondere Eigenschaften, Bedingungen u. a.; unmittelbare Reaktion des Sprechers auf einen besonderen Zustand (das Subjekt, der Satzgegenstand, nimmt ga statt wa).

kanojo wa Tôkyô ni sun-de-i-mas~~u~~
sie 1 Tokyo in leben
Sie wohnt in Tokyo.

sum-u = *leben, wohnen*

kare o shi-tte-i-mas~~u~~ ka
er 4 kennen ?
Kennst du ihn?

shi-ru = *wissen, kennen*

ame ga fu-tte-i-mas~~u~~
Regen 1 fallen
Es regnet.

furu = *fallen: Regen, Schnee*

Zusammengesetzte Tätigkeitswörter

Eine Reihe unserer Tätigkeitswörter werden im Japanischen mit Hauptwörtern und suru (machen) gebildet, z. B.:

benkyô	**benkyô o suru**	*Studium/studieren*
denwa	**denwa o suru**	*Telefon/telefonieren*
hômon	**hômon o suru**	*Besuch/besuchen*
kaimono	**kaimono o suru**	*Einkauf/einkaufen*
ryokô	**ryokô o suru**	*Reise/reisen*
shôtai	**shôtai o suru**	*Einladung/einladen*

Verbindung mehrerer Sätze

Auch bei Eigenschaftswörtern wird nur beim letzten die Höflichkeitsform angehängt.

Wenn zwei aufeinander folgende Handlungen beschrieben werden, genügt bei den ersten Tätigkeitswörtern die verkürzte Partizipform -te; nur beim letzten Tätigkeitswort wird die Höflichkeitsform angehängt.

yama ni nobo-tte,
nagame o tanoshimi-mashita
Berg 3 bestiegen Aussicht 4 genossen
Wir bestiegen den Berg
und genossen die Aussicht.

tegami o kai-te, hon o yon-de,
terebi o mi-mashita
Brief 4 schrieb, Buch 4 las, Fernsehen 4 sah
Ich schrieb einen Brief,
las ein Buch und sah fern.

Will man das Nacheinander einer Handlung genau ausdrücken, nimmt man -te kara:

yama ni nobo-tte kara,
nagame o tanoshimi-mashita
Berg 3 bestiegen nach, Aussicht 4 genossen
Nachdem wir den Berg bestiegen hatten,
genossen wir die Aussicht.

kaimono o shite kara, uchi ni kaeri-mashita
Einkauf 4 getan nach, Haus in kehrte-zurück
Nach dem Einkauf kehrten wir nach Hause zurück.

Bindewörter

Hier eine Übersicht der Gebräuchlichsten:

to	und (meist Verbindung zweier Hauptwörter)
shi	und (Verbindung zweier Sätze)
soshite	und dann, und jetzt, nun
to	mit, im Sinne von „begleiten“
de	mit, im Sinne von „damit“ (benutzen)
sore-tomo	oder (auch: sore-ka)
shikashi	aber (auch: keredomo)
ga	aber (wird lieber im Satz verwendet)
dake	nur (kore dake = nur dies, hitori dake = nur allein)
de mo	jedoch
mo	auch (am Satzende: selbst wenn)
mô	schon

Eine Besonderheit ist die japanische Entsprechung für „weil“: Tätigkeitswortstamm + ta node

ringo to nashi
Birnen und Äpfel
Birnen und Äpfel

kare to iki-masu
er und gehe
ich gehe mit ihm

anata ga soretomo kanojo ga
du 1 oder sie 1
du oder sie

samui desu ga soto e iki-masu
kalt ist aber außen nach gehe
Es ist kalt, aber ich gehe hinaus.

de mo mada hayai desu
jedoch noch früh ist
es ist jedoch noch zu früh

anata mo, watashi mo
du auch ich auch
sowohl du als auch ich

Verhältniswörter

Die Verhältniswörter (Präpositionen) werden zwischen no und ni gestellt. Um die Konstruktion besser verstehen zu können, brauchen Sie nur zu wissen, dass die eingesetzten Wörter im Japanischen Hauptwörter sind, z.B. ue (Oberseite) no ue ni (auf).

ue	auf	**shita**	unter, unten
mae	vor, vorn	**ushiro**	hinter, hinten
naka	in, innen	**soto**	außerhalb, außen
mukai	gegenüber	**mukô**	jenseits, drüben
tame	für		

tsukue no ue ni zasshi ga ari-masu
Tisch 2 Oberseite 3 Zeitschrift 1 gibt-es
Die Zeitung liegt auf dem Tisch.

heya no naka ni
im Zimmer

gakkô no soto ni
außerhalb der Schule

eki no mae no tatemono
Bahnhof 2 Vorderseite 2 Gebäude
das Gebäude vor dem Bahnhof

Tanaka-san wa kono o-miage o kare no oku-san no tame ni kai-mashita
Tanaka-Herr 1 dieses Souvenir 4 er 2 Ehefrau 2 für 3 kaufte
Herr Tanaka hat dieses Souvenir für seine Ehefrau gekauft.

Fragen

Durch Anhängen von ka an das Satzende wird jede Aussage in eine Frage umgewandelt:

Kimiko-san wa gakusei desu
Kimiko-Fräulein 1 Student ist
Fräulein Kimiko ist Studentin.

Kimiko-san wa gakusei desu ka
Kimiko-Fräulein 1 Student ist ?
Ist Fräulein Kimiko Studentin?

Sonst müssen Sie ein konkretes Fragewort (wer, wie, was) verwenden, wie wir es auch im Deutschen machen:

Fragen

dare, donata	wer
nan, nani	was
dô	wie
naze, dôsh~~i~~te	warum
itsu	wann
dore, donna	welcher, was für ein
doko	wo
dochira	wohin
ikura	wie viel, wie teuer
ikutsu	wie viel, wie alt

chikaku no kôshû-denwa/stoa
wa doko des~~u~~ ka
Nähe 2 öffentlich-Telefon/Laden 1 wo ist ?
Wo ist das nächste öffentliche Telefon/
der nächste Laden?

... ga doko de kae-mas~~u~~ ka
... 1 wo bei kaufen-können ?
Wo kann ich ... kaufen?

doko de ... ga ari-mas~~u~~ ka
wo in ... 1 gibt-es ?
Wo gibt es ...?

kanojo wa dare des~~u~~ ka
sie 1 wer ist ?
Wer ist sie?

boku no ane des~~u~~
ich(m) 2 ältere-Schwester ist
Sie ist meine ältere Schwester.

ano kata wa donata desu ka
jener Mensch 1 wer ist ?
Wer ist diese Person? (höflich)

watakushi no nihongo-no-sensei desu
mein 2 Japanisch-2-Lehrer ist
mein Japanisch-Lehrer

itsu ki-masu ka
wann kommt(höflich) ?
Wann kommt er/kommst du?

dô desu ka
Wie ist es? / Wie gefällt es dir?

dô shi-mashô ka
Wie werden wir es machen?

sô shi-mashô/suru deshô
So machen wir es.

kare wa naze ki-masen ka
Warum kommt er nicht?

doshite sore o shi-masu ka
Warum macht er das?

Ja & Nein

Im harmoniebewussten Japan versuchen die Menschen ein „kaltes“ Nein zu vermeiden. Stattdessen wird es oftmals umschrieben. Dabei gibt es Nuancen:

ehrlich gemeint: **(chotto) kangae-sasete kudasai**
etwas überlegend-lassen bitte
Lassen Sie uns noch etwas darüber nachdenken.

„nein“ unter Geschäftsleuten: **(chotto) kangaete mi-mashô**
(etwas) denkend sehen-lasst uns
Wir denken darüber nach und sehen dann weiter.

Klare Begriffe für „ja“ und „nein“:

so ist es	**hai / hai, sô desu**	ja
so ist es nicht	**iie / iie, so de wa arimasen**	nein
das trifft nicht zu	**chigai-masu**	nein

hai drückt generell Zustimmung aus, aber auch: „Ich habe verstanden, was Sie gesagt - haben.“. iie drückt fehlende Zustimmung aus.

Miura-san wa kore o tabe-masen ka
Müller-Frau 1 dies 4 essen-nicht ?
Frau Müller, essen Sie das nicht?

hai tabe-masen — Ja, ich esse es nicht.
iie tabe-mas~~u~~ — Nein, ich esse es.

Man antwortet immer in Bezug auf die Frage, nicht auf die eigene Aussage! Sie müssen also bei negativ formulierten Fragen aufpassen.

eiji-shimbun ga ari-mas~~u~~ ka
englische-Schrift Zeitung 1 gibt-es ?
Gibt es eine englische Zeitung?

hai, ari-mas~~u~~ — Ja, gibt es.
iie, ari-masen — Nein, gibt es nicht.

Gegen-Bsp. in Sauseschritt 2a, S. 186:
Muß man nicht zahlen?
Doch, man muß.

Zahlen

Das einfache und logische chinesische Zahlensystem wurde von vielen Ländern außerhalb Chinas übernommen. Es wird zum Zählen und für Mengenangaben verwendet. Das ursprüngliche japanische hingegen für alleinstehende Zahlen von 1-10, für abstrakte Begriffe und wenn Sie ein Kategoriewort (siehe nächstes Kapitel) nicht kennen. Sie brauchen nur 14 Wörter zu lernen und können damit bis in die Milliarden zählen:

Zahlen

		Chinesisch	Japanisch (1-10)
0	零	**rei, zero**	
1	一	**ichi**	**hito(tsu)**
2	二	**ni**	**futa(tsu)**
3	三	**san**	**mi(tsu)**
4	四	**shi/yon**	**yo(tsu)**
5	五	**go**	**itsu(tsu)**
6	六	**roku**	**mu(tsu)**
7	七	**shichi/nana**	**nana(tsu)**
8	八	**hachi**	**ya(tsu)**
9	九	**kyu/ku**	**kokono(tsu)**
10	十	**jû**	**tô**

11	**jû-ichi**	1000	**sen/zen**
15	**jû-go**	3000	**san-zen**
20	**ni-jû**	5000	**go-sen**
80	**hachi-jû**	10.000	**(ichi-)man**
100	**hyaku**	60.000	**roku man**
300	**sambyaku**	400.000	**yon-jû man**

90 Mio	**kyu hyaku man**
100 Mio	**(ichi-) oku**
7 Mill.	**nana jû oku**

Ordnungszahlen

Um aus einer Grundzahl eine Ordnungszahl zu machen, setzt man dai- davor:

dai-ichi	erstens, der/die/das erste
dai-ni	zweitens, der/die/das zweite
dai-hyaku	der/die/das hundertste

Umgangssprachlich kann man auch sagen:

ichi-ban	der/die/das erste
ni-ban	der/die/das zweite
hyaku-ban	der/die/das hundertste

Bruch- und Dezimalzahlen

Bruchzahlen werden mit bun (Teil) gebildet:

han-bun	die Hälfte
yon-bun-no-ichi	1/4 (*vier Teil von eins*)
san-bun no ni	2/3 (*drei Teil von zwei*)

Dezimalzahlen bildet man mit ten (Punkt):

san ten go	3.5

Rechnen

ni tasu san wa go (desʉ)
zwei plus drei 1 fünf (ist)
2 + 3 = 5

Hinter die zweite Zahl setzt man jeweils wa (Nominativ-Partikel).

tasʉ	plus (+)	**hiku**	minus (-)
waru	durch (:)	**kakeru**	mal (x)

Seitenzahlen
Um Ihnen den Umgang mit den Zahlen zu erleichtern, wird auf jeder Seite die Seitenzahl auch in Japanisch angegeben!

Kategoriewörter

Das im vorigen Kapitel vorgestellte, von den Chinesen übernommene Zahlensystem benutzen die Japaner außer beim Zählen und Rechnen vor allem in Verbindung mit sogenannten Kategoriewörtern, die an das jeweilige Zahlwort angehängt werden. Man sagt also nicht einfach „drei Bäume", sondern etwa „drei Stück Bäume". Eine Eigenart, die sich das Japanische im übrigen mit etlichen anderen asiatischen Sprachen teilt. Das Unangenehme daran ist, dass es nicht nur ein Wort für „Stück" gibt, sondern eine ganze Reihe verschiedener – je nach Form und Art des gezählten Gegenstands. Hier einige häufige Kategoriewörter:

nin	Menschen, aber: hitori = ein Mensch, allein; futari = zwei Menschen, zu zweit
mai	dünne, flache Dinge (Blatt, Papier, Hemden)
hon/bon/pon	lange, schmale Dinge (Stange, Baum, Flasche), aber: bei Essstäbchen = zen (Paar)
dai	Geräte, Maschinen (Auto, Recorder, Computer)
satsu	Bücher, entspricht unserem „Bände"
hiki/biki/piki	kleine Tiere
tô	große Tiere
wa/ba/pa	Vögel
ko	kleine, runde Gegenstände (Eier)
soku	Paar Schuhe, Strümpfe

san-nin no gaku-sei	drei Studenten
yon-dai no kuruma	vier Autos
jup-pon no empitsu	zehn Bleistifte

hon *wird zu* pon *assimiliert*

Kennt man ein Kategoriewort nicht, nennt man zuerst das Hauptwort und dann die Zahl nach dem japanischen System: biiru mitsu (*Bier drei*) = drei Bier, ganz korrekt wäre aber: biiru sam-bon

Maße & Mengenangaben

Die Maßeinheiten sind wie bei uns:

kiro(g~~u~~ram~~u~~)	Kilogramm
kiro(mêtor~~u~~)	Kilometer
g~~u~~ram~~u~~	Gramm
mêtor~~u~~	Meter
ni kiro gurai	etwa 2 kg bzw. km
sam-byaku g~~u~~ram~~u~~	300 gr

Es werden auch noch traditionelle Maßeinheiten verwendet, mit denen Sie jedoch nur selten in Berührung kommen werden:

gô	0.18 Liter (kleinste Einheit für Reis)
shô	10 gô = 1.8 Liter z. B. is-shô-bin = 1.8 l-Flasche (Sake)
koku	10 to = 100 shô = 180 Liter (Maßeinheit für Reis in der Edo-Zeit)
jô	1 Tatamimatte, z.B. roku-jô no heya = ein 6 Matten großes Zimmer

unbestimmte Mengenangaben

nan-nin ka
= *einige Menschen*

iroiro-na		verschiedene
nan + Kategoriewort + **ka**		einige
ni-san + Kategoriewort		ein paar ...

Uhrzeit & Datum

Die Uhrzeiten werden in 12-Stunden-Abschnitten angegeben. Vorangestellt wird meist die jeweilige Tageszeit.

ima nan-ji des~~u~~ ka
jetzt was-Uhr ist ?
Wie spät ist es jetzt?

asa shichi-ji	7 Uhr morgens	
gogo yon-ji	4 Uhr nachmittags	
yûgata roku-ji han	6:30 Uhr nachmittags	han = *halb*
yoru ku-ji	9 Uhr abends	
jû-ji ju-go hun	10:15 Uhr	
jû-ni-ji go hun mae	5 Minuten vor zwölf	mae = *vor*

roku-ji jû-yon pun mae (des~~u~~)
6-Uhr 10-4 Minuten vor (ist)
(es ist) 14 Minuten vor sechs

Tageszeiten

akegata	früh morgens	*4-6 Uhr*
asa	Morgen, morgens	*6-8 Uhr*
gozen	Vormittag, vormittags	*bis 12 Uhr*
o-hiru	Mittag, mittags	
gogo	Nachmittag, nachmittags	*bis ca. 16 Uhr*
yûgata	Nachmittag, nachmittags (spät)	*16-19 Uhr*
yoru	Abend, abends, Nacht, nachts	*bis 24 Uhr*
yonaka	mitten in der Nacht	*0-4 Uhr*

Gezählt werden Stunden, Minuten, Sekunden wie bei uns, bei den Minuten müssen Sie wieder die Assimilierung beachten:

ip-pun	1 Min.	**san-jup-pun**	30 Min.
ni-fun	2 Min.	**san-jû-go-fun**	35 Min.
sam-pun	3 Min.	**yon-jû-hap-pun**	48 Min.

ni jikan, yon-jû-nana-fun, ni-jû-roku byô
2 Stunden 4-10-7 Minuten 2-10-6 Sekunden
2 Stunden 47 Minuten 26 Sekunden

Wochentage und Monatsnamen

Das Wort für Tag -yôbi wird nur in Verbindung mit Wochentagen gebraucht. Sonst heißt Tag hi bzw. -nichi.

Mond heißt tsuki *bzw.* getsu, *Monat allgemein ebenfalls* getsu, *in Verbindung mit den Monatsnamen jedoch* gatsu.

nichi-yôbi	*Sonnen-Tag*	Sonntag
getsu-yôbi	*Mond-Tag*	Montag
kai-yôbi	*Feuer-Tag*	Dienstag
sui-yôbi	*Wasser-Tag*	Mittwoch
moku-yôbi	*Holz-Tag*	Donnerstag
kin-yôbi	*Gold-Tag*	Freitag
do-yôbi	*Erd-Tag*	Samstag

Die Monate werden einfach von 1-12 + gatsu gezählt:

ichi-gatsu	*eins-Monate*	Januar
ni-gatsu	*zwei-Monate*	Februar
jû-ni-gatsu	*zehn-zwei-Monate*	Dezember

Datum (hizuke)

Japaner schreiben zuerst die Jahreszahl, dann den Monat, zuletzt den Tag:

98/10/04
ku-jû-hachi nen/jû-gatsu/yok-ka
9-10-8-Jahr/10-Monat/4-Tag
4.10.1998

Bei den ersten 10 Tagen (-ka) des Monats wird die japanische Zählweise verwendet, dazu noch unregelmäßig:

tsuitachi	1. Tag	**mui-ka**	6. Tag
futs~~u~~-ka	2. Tag	**nano-ka**	7. Tag
mik-ka	3. Tag	**yô-ka**	8. Tag
yok-ka	4. Tag	**kokono-ka**	9. Tag
itsu-ka	5. Tag	**tô-ka**	10. Tag

Zeitbegriffe

-ji – jikan	... Uhr – Stunde(n)
nan-ji	wie viel Uhr?
nan-jikan	wie viele Stunden?
hun/fun/pun – byô	Minute – Sekunde
hi/nichi – ichi-nichi	Tag – ein Tag
hiruma	tagsüber
ban – hito-ban	Abend – ein Abend
kyô – ashita	heute – morgen
asatte	übermorgen
kinô	gestern
sakuya	gestern Abend
ototoi	vorgestern
shûkan – is-shûkan	Woche – eine Woche
yon-shûkan	vier Wochen
kon-shû	diese Woche
rai-shû	nächste Woche
getsu/gatsu	Monat
kon-getsu	diesen Monat
rai-getsu	nächsten Monat
(san)-ka-getsu	(drei) Monate
nen – ko-toshi	Jahr – dieses Jahr
rai-nen	nächstes Jahr
kyo-nen	letztes Jahr
ato san nen	noch drei Jahre
ima – ato de	jetzt – nachher
sugu-ni – chôdo	sofort – genau/gerade
goro	ungefähr, etwa
san ji goro	etwa 3 Stunden
mada (ni nen)	noch (2 Jahre)
tabun	vielleicht
mô/sude ni	schon (einmal)

kyô wa nan-nichi desʉ ka
heute 1 was-Tag ist ?
Welches Datum ist heute?

kinô wa nan-yôbi deshɨta ka
gestern 1 was-Wochentag war ?
Welcher Wochentag war gestern?

anata wa itsu ki-masʉ ka
du 1 wann kommst ?
Wann kommst du?

jûji-han ni ki-masʉ
10-Uhr-halb um komme(ich)
Um halb elf (10.30).

Mister Donut
WORLD'S BEST COFFEE & FRESH DONUTS
BOSTON ICE CREAM
UTS
OUSE

Körpersprache & Verhaltenshinweise

Japanische Höflichkeit ist sprichwörtlich. Solange die Menschen sich anonym bewegen, kann es schon mal vor kommen, dass sie andere anrempeln und keine Notiz davon nehmen. Im Moment jedoch, wo zwei Menschen miteinander ins Gespräch kommen, gelten die Regeln der Höflichkeit in ihrer ganzen Vielfalt von gleich zu gleich, gleich zu höher gestellten, gleich zu niedrig gestellten, höher zu niedriger und niedriger zu höher gestellten Personen. Die Japaner haben darin natürlich von klein auf Übung. Als gaijin wird man sich selten ganz angemessen verhalten können. Aber niemand wird einem diese unbeabsichtigte Unhöflichkeit verübeln, dazu sind die Japaner eben viel zu höflich. Allein die Tatsache dass man sich mit ihnen in ihrer Sprache zu unterhalten versucht, wird sie über manche Ungeschicklichkeit im Ausdruck hinwegsehen lassen. Wenn man sich an die in diesem Sprechführer vorgeschlagenen Redeweise hält, liegt man sowieso fast immer richtig.

Gegenüber Fremden verrät man nicht seine Gefühle von Schmerz, Trauer, Ärger. Ein Mensch mag tieftraurig sein und wird doch für andere ein Lächeln übrig haben. Man möchte andere nicht mit seinen Sorgen belästigen. Es gibt viele Beispiele, dass lieber ein Todesfall in Kauf genommen wurde, als andere zu belästigen. Aber solche Extreme wird man wohl nicht erleben.

Den etwas steifen Eindruck, den man von Japanern in Deutschland oder sonstwo bekommen kann, trifft nicht für Japan zu.

Unter ihresgleichen fühlen Japaner sich sehr entspannt und (re)agieren sehr temperamentvoll. Japaner sind gern in Gesellschaft, am liebsten in ihrer Bezugsgruppe. Außerhalb dieser Gruppe, z. B. im Ausland, fühlen sie sich daher eher unsicher, wirken etwas steif.

Die Japaner haben, wegen der Insel-Lage und ihrer Jahrhunderte langen Abgeschiedenheit, ein sehr ausgeprägtes Nationalgefühl. Man muss bedenken, dass weniger als ein 1% der Bevölkerung nicht-japanischen Ursprungs ist (Koreaner und Chinesen) und dass sich die Bevölkerungszusammensetzung in den letzten 2.000 Jahren kaum geändert hat. Und die Urbevölkerung der Ainu ist, bis auf wenige Reste auf Hokkaido, mit den Japanern verschmolzen. So ist es nicht verwunderlich, dass sich die Japaner – das Kaiserhaus eingeschlossen – als eine einzige große Familie fühlen. Und in der Tat gibt es wohl kaum ein Volk, dass so homogen ist.

Lediglich die Koreaner bilden eine kleine, in mancher Hinsicht diskriminierte Minderheit in Japan.

Auch die Eta wird diskriminiert, jene Gruppe von Japanern, deren Vorfahren Berufe ausgeübt haben, die im Buddhismus als unrein galten: Töten von Tieren und deren Verwertung, also Schlachter und Gerber.

Als gaijin ist man Gast, zumal man wohl nur einige Wochen oder Monate im Land bleiben wird. Und Gast in Japan zu sein, ist ein sehr angenehmer Zustand. Frauen können sich grundsätzlich sehr sicher fühlen: selbst, wenn sie mitten in der Nacht durch schmale Gassen gehen, werden sie nicht belästigt. Tokyo hat auch heute noch die niedrigste Kriminalitätsrate aller Metropolen, auch wenn sie nicht zuletzt durch die wachsende Zahl von Gastarbeitern steigt. Die unzähligen Polizeiboxen tragen mit dazu bei. Denn die Polizei – keisatsu – wird noch als „Freund und Helfer“ empfunden: sie erkundigen sich z. B. nach dem Befinden älterer Mitbürger, man kann sie jederzeit nach dem Weg fragen, usw.

Bei der Begrüßung verbeugen sich die Japaner, wobei sie die Hände vorn an die Oberschenkel anlegen. Wer mehr Respekt zu zollen hat, wer also im Rang (Alter, gesellschaftliche Stellung, usw.) niedriger steht, sollte sich tiefer verbeugen und sich nicht aufrichten, bevor es sein ranghöheres Gegenüber getan hat. Verbeugungen sind allgegenwärtig. Selbst beim Telefonieren wird man angedeutete Verbeugungen bemerken. Das sind eben eingeschliffene Reflexe.

Japaner geben sich nicht die Hand, sondern verbeugen sich. Für Sie als gaijin *genügt eine mittlere Verbeugung. „Moderne“ Japaner geben Ihnen auch schon Mal die Hand, diese Geste sollte man nicht zurückweisen.*

Beim Betreten einer Wohnung muss man seine Schuhe ausziehen. Im Eingangsraum von Privathäusern gibt es zunächst Steinböden, begrenzt von einer hohen Stufe. Jenseits der Stufe ist der Fußboden tabu für Schuhe. Pantoffeln werden nur im Flur getragen. Beim Betreten der Toilette (o-te-arai, *Händewaschort*) wechselt man von den Flurpantoffeln in Toilettenpantoffel. Die Tatami-Matten werden nur mit Socken oder barfuß betreten.

Jenseits der hohen Stufe in japanischen Häusern liegt Holz im Gang, oder Tatami-Matten aus Reisstroh in traditionell gestalteten Zimmern.

In Tokyo gab es früher im Winter im Durchschnitt 70 Brände pro Tag. Die Holzhäuser in der Stadt brennen wie Zunder. Man heizt in diesen Häusern mit Gas- oder Elektroöfen. Dann kann man leicht ein Feuer verursachen. Also Vorsicht im Winter!

Einsame Trinker sind in Japan nicht erwünscht. Man schenkt sich sein Getränk nicht selbst ein, wenn man in Gesellschaft ist, sondern schenkt stets einander ein. Also achtet man immer darauf, ob das Glas des oder der anderen nachgefüllt werden sollte. Beliebte Getränke sind Sake (nihon-shu = *Japan-Wein*), Bier und Whisky mit Soda (mizu-wari = *mit Wasser*). Japaner vertragen keine großen Alkoholmengen. Der Alkoholkosum zeigt also schnell Wirkung und sie werden recht lustig, wenn sie es nicht schon vorher sind.

Wenn Sie nicht zu viel Alkohol nachgeschenkt bekommen möchten, nippen Sie nur etwas am Glas!

Sicher werden Sie mal ins öffentliche Bad – sentô – gehen. Sie sind ein Erlebnis, das man keinesfalls verpassen sollte. Bis auf manche ländlichen Gebiete, wo gemischt gebadet wird, sind die Bäder nach Männern und Frauen getrennt. Man zieht sich aus, hängt die Kleidung in den Spind, hockt sich auf einen niedrigen Hocker vor den Spiegel und die beiden Wasserhähne für heiß und kalt. Man mischt sich das Wasser in einer Schüssel, seift sich ein, spült sich ab. Dann erst steigt man in das Hockbecken von meist 45°, also Vorsicht am Anfang! Dort entspannt man sich einige Minuten, geht heraus, spült sich kalt ab, setzt sich vielleicht in den Garten und beginnt von neuem – eine herrliche Entspannung.

Häuser mit eigenem Bad sind keine Selbstverständlichkeit. Nicht umsonst gibt es die überall öffentliche Bäder – erkennbar an ihren langen Schornsteinen.

Öffentliche Toiletten, z. B. in Gaststätten sind oft nicht nach Männern und Frauen getrennt. Die Pissoirs stehen im Toilettenvorraum. Frauen tun einfach so, als ob niemand da ist und gehen zur Toilette.

Um jemanden heranzuwinken, bewegt man die Hand nach unten; zeigt man auf Leute, deutet man mit der ganzen Hand in die Richtung, nie mit dem Zeigefinger! Meinen Japaner sich selbst, zeigen sie mit dem Zeigefinger auf die eigene Nasenspitze; Frauen und Mädchen lachen meist mit vorgehaltener Hand; Zärtlichkeiten werden selten in der Öffentlichkeit ausgetauscht. Aber die dem Westen nachstrebenden, jungen Japaner kleiden sich nicht nur wie bei uns, sondern benehmen sich auch oft so. Dennoch die Norm ist: nicht einmal Händchen halten.

Anrede

Wie im Abschnitt „Persönliche Fürwörter" bereits erwähnt, verwenden Japaner lieber Namen, Titel, Position als „du" oder „Sie". Der im Grunde gleiche Satz klingt dann je nach Sprachebene so:

Keiko-san, ashita hima? — *umgangssprachlich*
Keiko-Fräulein morgen frei?
Hast du morgen Zeit, Keiko?

Suzuki-san, ashita jikan ga ari-masu ka — *normal höflich*
Suzuki-Herr, morgen Zeit 1 gibt-es?
Herr Suzuki, haben Sie morgen Zeit?

sehr höflich **sensei, ashita sukoshi o-jikan ga gozai-masu ka**
Lehrer, morgen etwas ehrenwerte-Zeit 1 gibt-es ?
Haben Sie morgen Zeit, Herr Professor?

Wie Sie bemerkt haben, ist -san geschlechtsneutral. Will man besonders höflich sein, sagt man -sama. Auch die Götter – kami – des Shintô redet man als kami-sama an. Kinder dagegen reden Sie mit -chan an: Yukiko-chan; Jungen und jüngere, untergeordnete Männer werden von Älteren jedoch mit -kun angeredet: Michio-kun. Für sich selbst benutzt man keines davon:

bescheiden **watakushi wa Meier to môshi-masu**
ich 1 Meier so sagen
Ich heiße Meier.

Fremde Menschen werden wie in anderen asiatischen Ländern, vor allem auf dem Land, aber auch gern mit Verwandtschaftsbezeichnungen angeredet, und zwar nicht nur von Kindern:

oba-san = Tante	**oji-san** = Onkel
obâ-san = Oma	**ojii-san** = Opa

Jüngere Geschwister reden übrigens immer ihre älteren Geschwister mit deren „Titel“ an, nie mit Namen:

onê-san = ältere Schwester
onii-san = älterer Bruder

Die Älteren reden ihre jüngeren Geschwister dagegen nur mit ihrem Namen an. Mutter und Vater werden so angesprochen:

okâ-san = Mutter	**otô-san** = Vater

Diese Anrede benutzt man auch, wenn man von anderer Leute Eltern spricht, meint man allerdings seine eigenen, sagt man:

(watashi no) haha = (meine) Mutter
(watashi no) chichi = (mein) Vater

Begrüßen & Verabschieden

Angesichts der Bedeutung von Höflichkeit in der zwischenmenschlichen Kommunikation, gibt es im Japanischen für jede Situation Rituale mit den dazugehörigen Gesprächsfloskeln. Sie müssen nicht alle selbst auswendig kennen, aber es schadet ja nichts, zu wissen, was sie bedeuten.

sich vorstellen

Wenn sich zwei Fremde zum ersten Mal begegnen und miteinander sprechen, sagen sie üblicherweise:

Bei der Begrüßung verbeugen sich beide und tauschen anschließend ihre Visitenkarten aus mit den Worten:

hajime-mashite
Es freut mich, Ihre Bekanntschaft zu machen.

dôzo yoroshiku (o-negai shi-masu)
bitte zufriedenstellend (Wunsch machen)
Bitte seien Sie mir wohlgesonnen.

Visitenkarten werden in Japan nicht gleich weggesteckt, sondern sorgfältig studiert, denn sie enthalten die notwendigen Hinweise zur Bestimmung der relativen gesellschaftlichen Stellung des jeweiligen Gesprächspartners. Und dann heißt es:

watashi no namae wa ... desu	Ich heiße ...
... to môshi-masu	Ich heiße ...

jemanden vorstellen

(Hashimoto-sensei) go-shôkai shi-masu
Ich stelle Ihnen (Professor Hashimoto) vor.

kochira wa Saitô-san desu
dies 1 Herr/Frau-Saitô ist
Das ist Herr/Frau Saitô.

allgemeine Gesprächsformeln

o-hayô gozai-masu	Guten Morgen!	
konnichi wa	Guten Tag!	
komban wa	Guten Abend!	
sayonara	Auf Wiedersehen!	*bei längerem Abschied*
sore ja	Auf Wiedersehen!	
ja ne	Bis zum nächsten Mal!	*unter Frauen*
ja mata	Bis zum nächsten Mal!	*unter Kollegen*
o-tsukare-sama	„Es war sicher anstrengend!“	*bei der Heimkehr und Abschied von der Arbeit*
oyasumi-nasai	Gute Nacht!	

Bitten, danken, wünschen

Das entsprechende Vokabular für Höflichkeiten finden Sie hier:

bei Gefallen:	**dôzo**	bitte
	o-negai shi-masʉ	ich bitte (Sie)
	(dômo) arigatô gozai-masʉ	Vielen Dank!*
	(dômo) arigatô gozai-mashɨta	Vielen Dank!*
als Antwort auf Dank:	**dô-itashimashɨte**	Keine Ursache!

*-masʉ = *Gefälligkeit findet gerade statt*
*-mashɨta = *hat schon stattgefunden*

gokurôsama (deshita)
Vielen Dank für Ihre Mühe!

o-genki desu ka	Wie geht's?
okagesama de	Danke der Nachfrage.
dômo	danke, Entschuldigung, bitte, etc.
sumimasen	Entschuldigung! (zu Fremden), Es tut mir Leid!

gomen-nasai/-kudasai
Entschuldigen Sie bitte!

shitsurei-shimasʉ/-mashɨta
ich bin/war unhöflich
Verzeihen Sie! (sagt man auch beim Betreten oder Verlassen eines Hauses/Raumes)

o-jama shimashɨta
Entschuldigen Sie die Störung/dass ich Sie so lange aufgehalten habe.

kamaimasen
Das macht nichts.

shikata ga arimasen
Da kann man nichts machen.

omedetô gozaimasu
Herzlichen Glückwunsch!

akemashite omedetô gozaimasu
Frohes Neues Jahr!

gambatte kudasai
Geben Sie bitte nicht auf!

gambarimashô
Lasst uns nicht aufgeben!

Ausrufe & Lückenfüller

Diese werden im Japanischen recht häufig verwendet. Sie werden Ihnen in Gesprächen immer wieder auffallen:

a	oh!
sugoi	sagenhaft!
sonna koto da	ja, so was?!
ara mâ	Ach!? (von Frauen)
mâ	Ausdruck des Zögerns, des Erstaunens oder der Ermunterung

a, tanoshii desu!
= *Oh, das ist angenehm!*

chotto, nan-ji des~~u~~ ka
Einen Moment bitte, wie spät ist es?

ano nê	also, ah, also bitte, nicht wahr?
chotto	einen Moment bitte!
jâ / de wa	nun
sore jâ	ja, wenn das so ist ...
sore de wa	ja, wenn das so ist ...
naruhodo	tatsächlich (nur Männer)
dômo	sehr, bitte.

Ein wirklich wichtiges, höfliches Füllwort: mit dômo kann man alles mögliche ausdrücken: Dank, eine Bitte, einfach Höflichkeiten, oft nur ein Füller, wenn man nicht recht weiß, was man sagen soll, auch beim Verabschieden.

moshi-moshi	hallo hallo (am Telefon)
ne, nê umgs.: na	am Satzende: nicht wahr? (nur Männer)
sô des~~u~~ nê	nicht wahr, so ist es doch?
a sô des~~u~~ ka	ach, so ist das?
yo umgs.: wa	am Satzende: „bestimmt, so ist es" (nur Frauen)
shô ga nai	da kann man nichts machen
dame des~~u~~	es geht nicht, es wird nichts

kirei des~~u~~ ne
= Das ist schön, nicht wahr?

Das erste Gespräch

Japaner sind allgemein neugierig, interessieren sich aber zugleich ehrlich für uns gaijin. So könnten erste Gespräche aussehen:

あなたの名前は何ですか。
anata no namae wa nan des~~u~~ ka
du 2 Name 1 was ist ?
Wie heißt du/heißen Sie?

私はレナと申します。
watashi wa Lena to môshimas~~u~~
ich 1 Lena so heiße
Ich heiße Lena.

お国はどちらですか。
o-kuni wa dochira des~~u~~ ka
Ihr-Land 1 welche-Richtung ist ?
Woher kommen Sie?

Das erste Gespräch

どこから来ましたか。
doko kara kimashita ka
wo von gekommen ?
Woher kommen Sie?

ドイツ／オーストリア／スイスです。
doitsu/osutoriya/suisu desu
Deutschland/Österreich/Schweiz ist
Aus Deutschland/Österreich/der Schweiz.

日本へは始めてですか。
nihon e wa hajimete desu ka
Japan nach 1 angefangen ist?
Sind Sie zum ersten Mal in Japan?

いいえ２回目です。
iie, ni kai-me desu
nein, zweites-Mal ist
Nein, zum zweiten Mal.

日本には長いですか。
Nihon ni wa nagai des~~u~~ ka
Japan in 1 lange ist ?
Sind Sie schon lange in Japan?

３週間です。
san shûkan des~~u~~
drei Wochen ist
Seit drei Wochen.

どの位日本に居ますか。
dono gurai nihon ni imas~~u~~ ka
wie etwa Japan in sein ?
Wie lange etwa werden sie in Japan bleiben?

後１週間です。
ato is-shûkan des~~u~~
noch eine-Woche ist
Noch eine Woche.

アメリカ人ですか。
Amerika-jin des~~u~~ ka
Amerika-Mensch sein ?
Sind Sie Amerikaner?

いいえドイツ人です。
iie, doitsu-jin des~~u~~
nein, Deutsch-Mensch sein
Nein, Deutscher.

Nicht wenige Japaner glauben immer noch, dass alle Weißen in Japan Amerikaner sind (Überreste aus der Besatzerzeit).

今どこに泊まっていますか。
ima doko ni tomatte imas~~u~~ ka
jetzt wo in bleibend sein ?
Wo wohnen/übernachten Sie jetzt?

ユースホステルに泊まっています。
yus~~u~~-hoster~~u~~ ni tomatte imas~~u~~
Jugendherberge in bleibend sein
In der Jugendherberge.

Das erste Gespräch

日本は気に入りましたか。
Nihon wa ki ni irimashita ka
Japan 1 Gefühl 3 hineinkam ?
Gefällt dir/Ihnen Japan?

はいとても気にいりました。
hai, totemo ki ni irimashita
ja, sehr Gefühl 3 hereinkam
Ja, es gefällt mir sehr.

どこが一番楽しかったですか。
doko ga ichiban tanoshikatta desu ka
wo 1 am-meisten angenehm-war ist ?
Wo war es am schönsten?

Ein typisches Kompliment, das man als gaijin *in schöner Regelmäßigkeit hören bekommen wird:*

日本語がお上手ですね。
Nihongo ga o-jôzu desu ne
Japanisch 1 ehrenwert-gut ist nicht-wahr
Ihr Japanisch ist aber (sehr) gut.

おいくつですか。
o-ikutsu desu ka
ehrenwert-wie-viel ist ?
Wie alt sind Sie?

35才。
san-jû-go-sai
drei-zehn-fünf Jahre
35 Jahre.

Nach japanischer Meinung sollte man mit Mitte/Ende zwanzig Jahre eigentlich verheiratet sein. Wer A (heiratet) sagt, sollte auch B (Kinder haben) sagen.

もう結婚していますか。
mô kekkon-shite imasu ka
schon Heirat-gemacht sind?
Sind Sie schon verheiratet?

いいえまだ一人です。
iie, mada hitori desu
nein noch allein sein
Nein, noch nicht.

お子[供]さんいますか。
o-ko(-domo)-san imasu ka
ehrenwert Kind(-er) ist(sind) ?
Haben Sie Kinder?

はい二人います。女の子と男の子です。
hai, futari imasu
onna-no-ko to otoko no ko desu
ja, zwei-Menschen haben, Mädchen und Junge ist
Ja, zwei Kinder, ein Mädchen und einen Jungen.

Japaner legen viel Wert auf die Familie – kazoku – und auf Familienbeziehungen. Die Eltern und Älteren werden hochgeachtet.

御両親は健在ですか。
go-ryôshin wa kenzai desu ka
ehrenwert-Eltern 1 gesund ist ?
Sind Ihre Eltern gesund?

いいえもう亡くなりました。
iie, mô naku narimashita
nein, schon verschwunden geworden
Nein, sie sind schon gestorben.

どこの学校／大学ですか。
doko no gakkô/daigaku desu ka
wo 2 Schule/Universität ist?
Auf welche Schule/Universität gehst du?

Studenten – gakusei – fragt man in Japan nie nach dem Studienfach sondern stets nach der Schule/Uni, was gleichbedeutend mit der Frage ist: Welchen Status hast du?

Nach dem 2. Weltkrieg übernahm Japan das amerikanische Schulsystem mit 6 Klassen Grundschule – shô-gakkô –, 3 Klassen Mittelschule – chû-gakkô – und wenn man dann noch will 3 Jahren Oberschule – kôtô-gakkô.

又合いましょう。
mata aimashô
wieder treffen-lasst-uns
Wollen wir uns nicht wiedersehen?

お元気で。
o-genki de
Bleib(en Sie) gesund!

お気をつけて。
o-ki o-tsukete
Gib(Geben Sie) auf dich(sich) Acht!

どうもあなたもね。
domo, anata mo ne
Danke, gleichfalls.

又どうぞ。
mata dôzô
wieder bitte
Schauen Sie doch wieder vorbei!

Zu Gast sein

Ausländer dürfen es sich in Japan als besondere Ehre anrechnen, wenn sie zu jemandem nach Hause eingeladen werden. Man trifft sich eher zum Essen in einem der unzähligen Lokale als zu Hause, nicht selten weil viele sich schämen in das kleine enge Häuschen einzuladen. Für den ersten Besuch in einem Haus gibt es eigentlich ein besonderes Ritual zu beachten, aber mit normaler Höflichkeit machen Sie nichts verkehrt, als Mitbringsel eignen sich Blumen, Souvenirs von zu Hause, Obst u. a. (siehe auch Kapitel „Verhaltenshinweise“ und mein ebenfalls im Reise Know-How Verlag, Bielefeld erschienenes Buch „KulturSchock Japan“).

gomen kudasai
Entschuldigen Sie bitte! (vor Betreten)

irasshaimase / yoku irasshaimashɨta
Herzlich willkommen!

yoku kite-kurete arigatô
Nett, dass Sie gekommen sind!

o-hairi kudasai	Bitte kommen Sie herein!
dôzô kochira e	Bitte hier entlang!
dôzô o-saki ni	Bitte nach Ihnen!
o-kake kudasai	Bitte nehmen Sie Platz!

chotto matte kudasai
Bitte warten Sie eben!

go-enryo naku
Fühlen Sie sich wie zu Hause!

dôzô meshi-agatte kudasai
Bitte bedienen Sie sich!

itadaki masʉ	Ich esse.	*etwa: Guten Appetit!*
(totemo) oishii desʉ	Es ist (sehr) lecker.	
mô kekkô desʉ	Danke, ich habe genug.	

go-chisô sama deshɨta
Es war köstlich, vielen Dank.

Wenn es Zeit ist zu gehen, entspinnt sich vielleicht folgender Dialog:

(sorosoro) shitsurei shi-masu
Ich muss langsam gehen.

dôzô go-yukkuri
Lassen Sie sich Zeit.

mô sukoshi kudasai
Noch ein wenig, bitte.

mata oide kudasai
Bitte kommen Sie wieder!

kashikomarimashita
Gewiß, mit Vergnügen.

Wer mehrere Tage bei Freunden wohnt, sagt jedes Mal beim Weggehen bzw. Zurückkehren:

o ki-ô tsukete
Passen Sie auf sich auf! (sagt der Bleibende)

itte-ki-masu
Ich gehe und komme wieder.
(sagt der Gehende)

itte-(i)rasshai(-mase)
Kommen Sie wieder.
(antwortet der Bleibende)

tadaima
Ich bin wieder zurück.

o-kaeri(nasai)
Willkommen daheim.

Unterwegs

... zu Fuß

。。どこですか。

... doko des~~u~~ ka

... wo ist ?

Wo ist ...?

。。どこにありますか。

... doko ni ari-mas~~u~~ ka

... wo 1 gibt es ?

Wo gibt es ...?

。。へ行きたいですが。

... e iki-tai des~~u~~ ga

... nach gehen-möchte ist aber

Ich möchte nach/zum ... gehen.

駅／空港／レストランへの行きかたを教えて下さい。

eki/kûkô/resutoran e no iki-kata o oshiete kudasai

Bahnhof/Flughafen/Restaurant nach von Gehweise 4 lehrend bitte-geben

Wie komme ich bitte zum Bahnhof/ Flughafen/Restaurant?

大仏へはどう行けばいいですか。

Dai-Butsu e wa dô ike-ba ii des~~u~~ ka

Großer-Buddha nach 1 wie falls-gehen gut ist ?

Wie gehe ich am besten zum Großen Buddha?

ここから皇居へはどの様に行けますか。

koko kara Kôkyo e wa dono yô ni ike-mas~~u~~ ka

hier aus Kaiserpalast nach 1 welche Art in kann-gehen ?

Wie komme ich von hier zum Kaiserpalast?

。。迄どの位かかりますか。

... made dono gurai kakari-masu ka

... bis wie-viel etwa dauert ?

Wie lange braucht man etwa bis ...?

この近くの観光名所を教えて下さい。

kono chikaku no kankô-meisho o oshiete kudasai

diese Nähe 2 Sehenswürdigkeit 4 lehrend bitte-geben-Sie

Was gibt es in der Umgebung für Sehenswürdigkeiten?

この地図でここはどこですか。

kono chizu de koko wa doko desu ka

diese Karte auf hier 1 wo ist ?

Können Sie mir auf der Karte zeigen, wo wir hier sind?

migi ni magaru	rechts abbiegen
hidari ni magaru	links abbiegen
massugu ni iku	geradeaus gehen/fahren

haikingu suru	wandern
haikingu kôsu	Wanderweg
ryukku(sakku)	Rucksack

shizen	Natur	**keshiki**	Landschaft
taki	Wasserfall	**kawa**	Fluß
mizu'umi	See	**umi**	Meer
hama	Strand	**yama**	Berg
chôjô/mine	Gipfel	**keikoku**	Tal
mori	Wald		

o-tenki	Wetter	**ame**	Regen
yuki	Schnee	**kaminari**	Donner
rai'u	Gewitter	**tai-fû**	Taifun

saru	Affe	**kamoshɨka**	Japan-Gams
kuma	Bär	**tori**	Vogel
sakana	Fisch	**kujira**	Wal

... mit öffentlichen Verkehrsmitteln

Das Fahren mit S-Bahn – densha – und U-Bahn – chikatetsu – erfordert wenig Übung, schwieriger ist Busfahren – basu mit Haltestellenangaben vom Band und Fahrpreisberechnung auf dem Land. Zum Taxifahren – takushi – braucht man Sprachkenntnisse um den Fahrer ans Ziel zu dirigieren.

一番近い駅はどこですか。
ichiban chikai eki wa doko desʉ ka
der-erste nahe Bahnhof 1 wo ist ?
Wo ist der nächste Bahnhof?

。。行電車／バスの予定を教えて下さい。
... iki densha/basu no yôtei o oshiete kudasai
... gehen Zug/Bus 2 Fahrplan 4 lehrend bitte-geben
Wann bitte fährt der Zug/Bus nach ... ab?

切符はどこで買えますか。
kippu wa doko de kae-masʉ ka
Fahrkarte 1 wo in kaufen-können ?
Wo kann ich die Fahrkarte kaufen?

。。迄いくらですか。
... made ikura desu ka
... bis wie-viel ist ?
Was kostet es bis ...?

In Klammern ist hier die Hiragana-Lesung des Kanji angegeben.

小銭が無いので両替[どこなら]出来ますか。
kozeni ga nainode, ryôgae (doko nara) deki-masu ka
Kleingeld 1 nicht-habe, Geld-wechseln (wo) werden kann ?
Ich habe kein Kleingeld, (wo) kann ich den Schein wechseln?

。。迄いくつ目で降りますか。
... made ikutsu-me de ori-masu ka
... bis wie-viel-te bei aussteigen ?
Wie viele Stationen sind es bis ...?

この電車は。。へ行きますか。
kono densha wa ... e iki-masu ka
dieser Zug 1 ... in fährt ?
Fährt dieser Zug nach ...?

。。に止まりますか
... ni tomari-masu ka
... in hält ?
Hält dieser Zug in ...?

どこで乗り換えるんですか。
doko de nori-kaeru n desu ka
wo in umsteigen von ist ?
Wo muss ich umsteigen?

それで何線に。
sore-de nani sen ni
danach welche Linie in
Zu welcher Linie muss ich umsteigen?

次の地下鉄駅はどこですか。
tsugi no chikatetsu eki wa doko desu ka
nächste 2 U-Bahn Station 1 wo ist ?
Wo ist die nächste U-Bahn-Station?

バス乗り場/タクシースタンドはどこですか。
basu noriba / takushi-sutando wa doko desu ka
Bus Zustieg / Taxi-Stand 1 wo ist ?
Wo ist eine Bushaltestelle / ein Taxistand?

ここから何分位。
koko kara nan-pun gurai
hier von was-Minuten etwa
Wie viele Minuten von hier ist das etwa?

massugu	geradeaus	**mukai**	gegenüber
hidari	links	**migi**	rechts
mae	vor	**ushiro**	hinter
soba	nahe, neben	**tonari**	nebenan
kado	Ecke	**kôsaten**	Kreuzung
shingô	Ampel	**tatemono**	Gebäude

Für Gebäude wird auch biro *verwendet.*

... mit dem Taxi

Zum Taxifahren nehmen gaijin gern einen Zettel mit auf der die Zieladresse auf Japanisch geschrieben ist und zeigen ihn dem Fahrer. Der gehört nämlich nicht immer zu den Ortskundigen, da er vielleicht neu vom Lande gekommen ist. Fremdsprachen sind daher nicht seine Spezialität.

ホテル。。。へ行って下さい。
hoterʉ ... e itte kudasai
Hotel ... nach gehen bitte
Fahren Sie bitte zum Hotel ...

そこで止まって下さい。
soko de tomatte kudasai
dort bei halten bitte
Halten Sie bitte dort.

次を右[左]に曲がって下さい。
tsugi o migi (hidari) ni magatte kudasai
nächste 4 rechts (links) in abbiegen bitte
Die nächste Straße rechts (links) abbiegen!

もう少しゆっくり走って下さい。
mô sukoshi yukkuri hashɨtte kudasai
noch etwas langsamer fahren bitte
Fahren sie bitte etwas langsamer!

... mit der Fähre

この船[フェリー]で松山へ行けますか。
kono fune (feri) de Matsuyama e ike-masu ka
dieses Schiff (Fähre) mit Matsuyama nach gehen kann ?
Kann ich mit diesem Schiff nach Matsuyama fahren?

二等／一等一[二]枚
ni-tô/it-tô ichi (ni) mai
2-Klasse/1-Klasse eine (zwei) Karten
Eine (zwei) Fahrkarte(n) für die 2. / 1. Klasse.

Die Fähren haben in der ersten Klasse bequeme Sitze, in der zweiten Klasse oft Tatami-Boden (Reisstrohmatten) ohne Sitze – alles liegt oder sitzt während der Fahrt auf dem Boden.

... mit dem Zug

新幹線の予約出来ますか。
Shinkansen no yoyaku deki-masu ka
Shinkansen 2 Reservierung kann ?
Kann ich einen Platz im Shinkansen (Superexpress) reservieren?

この席は空いていますか。
kono seki wa ai-te-i-masu ka
dieser Sitz 1 frei ist ?
Ist dieser Sitzplatz frei?

この列車に食堂車が有りますか。
kono ressha ni shokudô-sha ga ari-masu ka
dieser Zug in Speisesaal-Wagen 1 gibt-es ?
Gibt es in diesem Zug einen Speisewagen?

Es empfiehlt sich für Fahrten mit dem Superexpress vorher zu reservieren.

In den größeren Bahnhöfen findet sich in den byû-puraza *(view plaza) genannten Reiseservicezentren immer Englisch-sprachiges Personal, in der Provinz ist das eher selten.*

それか駅弁も買えますか。

sore ka eki-ben mo kae-masu ka

oder ? eki-ben auch kaufen-kann ?

Oder kann man auch eki-ben* kaufen?

*eki-ben, o-bentô: *Fast jeder Ort bzw. Bahnhof lockt mit einer örtlichen Spezialität (meist Reis, eingelegtes Gemüse, gebackene Schnitzel, Fisch, Omelett, Fischkäse), die in jedem Kursbuch steht. Manche* eki-ben *sind so berühmt, dass Leute nur deswegen dorthin fahren. Ich musste einmal meinen Zug vor der Nase abfahren lassen, da ich vor lauter Einkaufen den Abfahrtspfiff überhört hatte. Meist wird an den Bahnhöfen* o-bentô *im Gang oder am Fenster angeboten.*

eki	Bahnhof
iri-guchi	Eingang
de-guchi	Ausgang
densha	Zug (elektrkisch)
ressha	Zug (nicht-elektrisch)
chikatetsu	U-Bahn
shinkansen	Superexpress
tokkyû	Express
kyûko	Eilzug
kippu	Fahrkarte
katamichi	einfach
ofuku	hin und zurück
kippu-uriba	Fahrkartenschalter
unchin	Fahrpreis
jikoku-hyô	Fahrplan
heijitsu	wochentags
kyûjitsu	feiertags
...-yuki	nach ... fahrend
machiai-shitsu	Wartesaal
shitei-seki	reservierter Sitzplatz
jiyû-seki	unreservierter Sitzplatz
green-sha	1. Klasse-Wagen
futsû	2. Klasse-Wagen

ishitsu-butsu-tori-atsukai-jo

Fundbüro

Übernachten

In Luxushotels braucht man keine Japanischkenntnisse, aber schon in Businesshotels und vor allem in den traditionellen Herbergen der Minshuku und Ryokan ist dies häufig notwendig. Manchmal werden gaijin sogar freundlich abgewiesen, weil man befürchtet, dass sie sich nicht richtig zu benehmen wissen. Die der „Japanese Inn Group“ angeschlossenen Ryokan sind freilich auf Ausländer eingerichtet. So oder so schadet es jedoch nicht, auf die speziellen Gepflogenheiten auch sprachlich vorbereitet zu sein. Hier zunächst ein paar gängige Sätze für Unterkünfte aller Art:

部屋が空いていますか。
heya ga ai-te imasu ka
Zimmer 1 frei ist ?
Haben Sie ein freies Zimmer?

ちょっと部屋を見せて下さい。
chotto, heya o misete kudasai
kurz, Zimmer 4 zeigen bitte
Könnte ich das Zimmer kurz sehen?

いつ迄お泊まりですか。
itsu made otomari desu ka
wann bis bleiben ist ?
Bis wann bleiben Sie?

1週間です／ぁさって迄です。

is-shû-kan des~~u~~ / asatte made des~~u~~

1-Woche-lang ist / übermorgen bis ist

Ich bleibe eine Woche/bis übermorgen.

もう一泊延長する事が出来ますか。

mô ippaku enchô suru koto ga deki-mas~~u~~ ka

noch 1-Übernachtung Verlängerung machen Sache 1 können ?

Kann ich noch eine Nacht bleiben?

貴重品を預かってください。

kichô-hin o azukatte kudasai

Wertsachen 4 aufbewahrend bitte-geben

Bitte bewahren Sie meine Wertsachen auf.

ko-shitsu	Einzelzimmer
futari-beya	Doppelzimmer
furô-tsuki	mit Bad
shokuji-tsuki	mit Mahlzeiten
betto	Schlafplatz (JH etc.)
ip-paku	eine Übernachtung
ni-haku	zwei Übernachtungen

夕／朝食の時間を教えて下さい。

yû/chô-shoku no jikan o oshiete kudasai

Abendessen/Frühstück 2 Zeit 4 lehrend bitte-geben

Um wie viel Uhr wird das Abendessen/ Frühstück serviert?

食事の場所どこですか。

shokuji no basho wa doko desu ka

Essen 2 Ort 1 wo ist?

Wo wird das Essen serviert?

庭園に入ってもいいですか。

tei-en ni haitte mo ii desu ka

Garten in hereingehend auch gut ist ?

Darf ich den Garten betreten?

非常口はどこに有りますか。

hijô-guchi wa doko ni ari-masu ka

Wo befindet sich der Notausgang?

あしたは８時に起こして下さい。

ashita wa hachi ji ni okoshite kudasai

morgen 1 acht Uhr um weckend bitte-geben

Wecken Sie mich morgen bitte um 8 Uhr.

電話のかけ方を教えて下さい。

denwa no kakekata o oshiete kudasai

Telefon 2 mach-Art 4 lehrend bitte-geben

Bitte sagen Sie mir, wie man das Telefon benutzt.

エアコン／テレビ／水道が故障してます。

eakon/terebi/suido ga koshô sh~~i~~te-mas~~u~~

Klimaanlage/TV/Wasserhahn 1 falsch macht

Die Klimaanlage/der Fernseher/der Wasserhahn funktioniert nicht.

バスタオルは有りますか。

bas~~u~~-taor~~u~~ wa ari-mas~~u~~ ka

Badetuch 1 gibt-es ?

Haben Sie ein Badetuch?

隣りの部屋がうるさくてねむれません。

tonari no heya ga urusak~~u~~te nemure-masen

neben 2 Zimmer 1 laut schlafen-können-nicht

Nebenan ist es so laut, ich kann nicht schlafen.

部屋の中が暑[寒]過ぎてねむれません。

heya no naka ga atsu-(samu)-sugite nemuremasen

Zimmer 2 innen 1 heiß-(kalt)-zu-viel-seiend schlafen-können-nicht

Das Zimmer ist zu heiß (kalt), ich kann nicht schlafen.

勘定／チェックお願いします。

kanjô/chekku onegai shimas~~u~~

Die Rechnung, bitte.

［もう一度］チェックして下さい。
(mô ichido) chekk~~u~~-shite kudasai
(noch ein Mal) Rechnung-machend bitte-geben
Bitte überprüfen Sie die Rechnung (nochmal).

トラベラーズチェック／カードは使えますか。
toraberazu chekku/kâdo wa tsukae-mas~~u~~ ka
Traveller Scheck/Karte 1 benutzen-können ?
Kann ich mit Reiseschecks/Kreditkarte bezahlen?

Oft besteht man auf Bargeld. Wenn nicht, ist das Emblem der akzeptierten Kreditkarte(n) angebracht.

タクシーを呼んで／頼んで下さい。
tak~~u~~shi o yonde/tanonde kudasai
Taxi 4 rufend/bittend bitte-geben
Bitte rufen Sie ein Taxi!

駅迄のタクシー料金はいくら位ですか。
eki made no tak~~u~~shi ryôkin wa ikura gurai des~~u~~ ka
Bahnhof bis 2 Taxi Gebühr 1 wie-viel etwa ist ?
Wie viel kostet ein Taxi zum Bahnhof ungefähr?

急いで下さい。
isoide kudasai
Schnell, bitte.

よろしくお願いします。
yoroshiku onegai-shi-mas~~u~~
Bitte seien Sie mir wohlgesonnen!

Mit diesen Worten überreichen Kenner der Empfangsdame oder dem Zimmermädchen im Ryokan gleich nach Eintreffen (nicht erst beim Verlassen) einen speziellen Umschlag – go-shûgi-bukuro – als Trinkgeld oder besser gesagt „Bestechungsgeld" für besonderen Service, eines der wenigen traditionellen Beispiele für Trinkgeld in Japan.

Essen & Trinken

go-han o taberu = *essen*

Wer sich auf die fremden Gaumengenüsse Japans einlässt, darf einzigartige Erlebnisse erwarten und wird dabei wohl manch nettes Abenteuer erleben. Es gibt anders als bei uns fast zwei Dutzend unterschiedliche Arten von Lokalen, deren Spezialitäten für den jeweiligen Lokaltyp charakteristisch sind. Grundlage der japanischen Küche ist der Reis – go-han, der ein Synonym für Essen allgemein ist. Nicht minder beliebt sind jedoch auch Nudeln – soba, udon, râmen – dazu kommen traditionell jahreszeitliche Gemüse und alle Arten von Meeresfrüchten (einschließlich Seetang) und Fisch. Fleisch und Milchprodukte haben sich erst nach dem Krieg eingebürgert. Phantasie, riesige Konkurrenz und eine gehörige Portion Perfektionismus haben aus einer ursprünglich einfachen Küche ein Paradies für kulinarische Genießer geschaffen. Wachsmodelle in den Auslagen zeigen in den meisten Lokalen, was es gibt. Wer das gewünschte Gericht danach auswählen will, braucht nur auf ein entsprechendes Modell oder ein bereits serviertes Gericht an einem Nachbartisch zu zeigen und zu sagen: kore o kudasai = *dieses bitte*. Schwierig wird es nur, wenn man vorher an der Kasse einen Bon kaufen muss. Für diese und andere Situationen rund ums Essen dienen die folgenden Beispielsätze.

お願いします／すみません
onegai-shimasu / sumimasen
Bitte! / Entschuldigung!
hier: Bedienung!

同じ物／これ／あれを下さい。
onaji mono/kore/are o kudasai
Bitte geben Sie mir dasselbe/dies/das da.

メニューを見せて下さい。
menyu o misete kudasai
Speisekarte 4 zeigen bitte
Bitte bringen Sie mir die Speisekarte.

きょうの定食／日替わりは何ですか。
kyô no teishoku/higawari wa nan des~~u~~ ka
heute von Tagesmenü/Tagesspezialität 1 was ist ?
Welche(s) Tagesmenü/Tagesspezialität gibt es heute?

えい／びい／しいランチを下さい。
A/B/C-ranchi o kudasai
A/B/C-Lunch 4 bitte
Bitte Mittagsmenü A/B/C.

おすすめは。
o-susume wa
Was empfehlen Sie mir?

お任せします。
o-makase shimas~~u~~
Ich überlasse Ihnen die Zusammenstellung.

Beim Bestellen von Gerichten gilt übrigens die japanische Zählweise:

teishoku futatsu kudasai
Standardmenü zwei bitte-geben
Geben Sie uns bitte zwei Standardmenüs.

nami hitotsu, tokujo mitsu kudasai
Geben Sie uns bitte ein Standard- und drei Spezialmenüs.

Einen Essensbon vorab kaufen zu müssen ist in vielen Lokalen üblich, dabei bezahlt man am Eingang und muss natürlich wissen, was man bestellen möchte. Man gibt dann der Bedienung den Bon mit der Angabe des bestellten Gerichts. Wer den Namen des gewünschten Gerichtes nicht kennt, braucht die Bedienung nur mit einem sumimasen *zum ausgewählten Wachsmodell zu führen.*

食券を買うのですか。
shokken o kau no des~~u~~ ka
Muss man vorher Bons kaufen?

お食事前に何を飲みますか。
o-shokuji mae ni nani o nomimas~~u~~ ka
Essen vor 3 was 4 trinken ?
Was möchten Sie vor dem Essen trinken?

どういう飲み物がいいですか。
dô iu nomimono ga ii des~~u~~ ka
wie sagen (was für ein) Getränk 1 gut sein ?
Was möchten Sie vor dem Essen trinken?

お茶／紅茶／コーヒー／ビール／お水下さい。
o-cha/kô-cha/kôhii/biiru/o-mizu kudasai
Grünen Tee/schwarzen Tee/Kaffee/Bier/kaltes Wasser, bitte.

ビールを１本お願いします。
biiru o ip-pon onegai shimasu
Bier 4 1-Flasche Wunsch machen
Ich möchte eine Flasche Bier.

旬のものは何ですか。
shun no mono wa nan desu ka
Welche jahreszeitliche Spezialität gibt es?

時間はどの位かかりますか。
jikan wa dono gurai kakarimasu ka
Wie lange wird es etwa dauern?

おかわり／もう少し下さい。
o-kawari/mo sukoshi kudasai
Noch etwas, bitte.

お勘定お願いします。
o-kanjô o-negai shimasu
Die Rechnung, bitte.

全部でおいくらですか。
zembu de o-ikura desu ka
Was kostet alles zusammen?

Höfliche Begriffe rund ums Essen:

召し上がって下さい。
meshi-agatte kudasai
Bitte greifen Sie zu.

いただきます。
itadakimasu
Ich fange an zu essen.

おいしい／とてもおいしいです。
oishii/totemo oishii desu
Es schmeckt lecker/köstlich.

時間がかかりますか
jikan ga kakarimasu ka
Dauert es lange?

結構です
kekkô desu
Danke, es genügt.

トイレはどこですか
toire wa doko desu ka
Wo ist die Toilette?

これはいくらですか
kore wa ikura desu ka
Was kostet das?

itadakimasu *ist bescheiden für: ich esse – den Begriff „Guten Appetit" gibt es nicht*

乾杯
kampai
Zum Wohl! Prosit!

ごちそう様でした。
gochisô-sama deshita
Es hat köstlich geschmeckt.

Getränke

[アイス] コーヒー	**(aisu-)kôhii**	(Eis-)Kaffee
牛乳／ミルク	**gyûnyû/miruku**	Milch
ココア、ジュース	**kokoa, jûsu**	Kakao, Saft
酒、日本酒	**sake, nihon-shu**	Sake, Reiswein
焼酎	**shô-chû**	Reis-/Yam-Schnaps
梅酒	**ume-shu**	Pflaumenwein
ぶどう酒、ウイスキー	**budô-shu, uisukii**	Wein, Whiskey

御飯	**gohan**	gekochter Reis = Mahlzeit
朝御飯	**asa-gohan**	Frühstück
昼御飯	**hiru-gohan**	Mittagessen
夜御飯	**yoru-gohan**	Abendessen
[大]食堂	**(dai-)shokudô**	(großes) Eßlokal
おなかがすいた／。。すきました	**onaka ga suita/ sukimashita**	Hunger haben
のどがかわいた／。。かわきました	**nodo ga kawaita/ kawakimashita**	durstig sein
おつまみ	**o-tsumami**	Appetithäppchen
肉無し	**niku-nashi**	ohne Fleisch
菜食主義	**saishoku-shugi**	vegetarisch

yaki, yude	gebraten, gekocht	焼、ゆで
naifʉ, fôkʉ	Messer, Gabel	ナイフ、フォーク
sʉpûn, o-háshi	Löffel, Stäbchen	スプーン、お箸
o-shibori	feuchtes Handtuch	おしぼり
cha-wan, sara	Schale, Teller	茶碗、皿
koppʉ/gʉrasʉ	Glas	コップ/グラス
kappʉ	Tasse	カップ
o-shio, ko-shô	Salz, Pfeffer	お塩、こしょう
o-satô	Zucker	お砂糖

中華料理屋［店］ **Chûka Ryôri ya/ten**
chinesisches Lokal (einfach/fein)

チャハン	**châhan**	gebratener gemischter Reis
ギョウザ	**gyôza**	mit Hackfleisch und Lauch gefüllte Teigtaschen
春巻	**haru-maki**	Frühlingsrollen
マーボー豆腐	**mabô-dôfu**	Reis mit Hackfleischsoße+Tofu
肉団子	**niku dango**	Hackfleischbällchen
しゅうまい	**shûmai**	Krabben-/Gehacktbällchen in Teighülle

ファミリーレストラン	**Famiri Resutoran**	Familienrestaurant
海老のグラタン	**ebi no guratan**	Nudelngratin mit Krabben
ハンバーグスパゲッティ	**hambâgu supagetti**	Spaghetti m. Frikadelle
ハヤシライス	**hayashi raisu**	gulaschartiges Gericht
カレーライス	**kare raisu**	Curryreis
オムライス	**omu-raisu**	Reisomelett m. Ketchup
親子丼	**oyako-don**	Reis mit Ei + Zwiebeln
ふぐ、うなぎ	**Fugu, Unagi**	Kugelfisch, Aal
かば焼き	**kabayaki**	gegrillter Aal
釜飯	**Kamameshi**	Reisgericht (Eisentopf)
山菜釜飯	**sansai kamameshi**	Reistopf mit Gemüse

懐石	**Kaiseki**	traditionelle Haute-Cuisine
郷土料理	**Kyôdo-Ryôri**	regionale Küche
鍋物	**Nabemono**	Eintopfgerichte
石狩鍋	**Ishikari-nabe**	Eintopf mit Lachs und Kartoffeln (Hokkaidô)
日本料理	**Nihon-Ryôri**	gemischte Küche (*family restaurant* im Kaufhaus)

O-den	Fischkäse/Tofu/Kartoffeln in brauner Brühe	おでん
Okonomiyaki	Pfannkuchen, selbstgemacht	お好み焼き
ika-iri	mit Tintenfisch	いか入り
Râmen	chinesische Weizennudeln in Suppe aus Sojamus – shoyu – oder Bohnenmus – miso –	ラーメン
Robatayaki	Grillgerichte im Stil der Landgasthäuser – izakaya –	炉端焼き
Shôjin-Ryôri	buddhistisch-vegetarische Haute-Cuisine	精進料理
Sukiyaki/ Shabu-Shabu	Rindfleischfondue (diverse Brühen/Zutaten)	スキヤキ/ しゃぶしゃぶ
Sushi	Reishappen belegt mit rohem Fisch	鮨
Sashimi	Scheiben von rohem Fisch	刺身
Tempura	frittierte Krabbenschwänze/ Weißfisch/Gemüse	天ぷら
Teppanyaki	Herdplattengrill, z.B.:	鉄板焼き
futsû	normal gegrillt	普通
batâ-	gegrillt mit Butter	バター
sherii-	gegrillt mit Sherry	シェリー
ami-yaki	gegrillt mit Drahtgrill	ぁみやき
Tonkatsu	panierte Schweineschnitzel	とんかつ
Kushi-age	ölgebackenes Fleisch	串揚げ

tonkatsu teishoku	Schnitzelmenü	トンカツ定食
menchi-katsu	paniertes Hackfleisch	メンチカツ
hire katsudon	Schnitzel auf Reis, mit Ei, Erbsen, Zwiebeln	ヒレカツ丼
Yakitori/ Kushi-Yaki	gegrillte Hühner-/ Fleischspieße (Bestellung nach Zutat)	焼き鳥/ 串焼

sakana to gyokairui			
Fische und Meeresfrüchte			
unagi	Aal	**o-nori**	Algen
kaki	Austern	**ayu**	Bachforelle
aodai	Barsch	**katsuo**	Bonito
hirame	Flunder	**ikura**	Lachseier
nishin	Hering	**koi**	Karpfen
ebi	Krabben	**kani**	Krebs

sazae	Kreiselmuschel
sake/shake	Lachs
samma	Makrelenhecht
anago/hamo	Meeraal

tai	Meerbrasse	**tako**	Oktopus
karei	Scholle	**dojô**	Schmerle
awabi	Seeohr	**kombu**	Seetang
shishamo	Stint	**wakasagi**	Teichstint
ika	Tintenfisch	**maguro**	Thunfisch

hamaguri	Venusmuschel
shira-uo	Weißfisch

niku to tamago	
Fleisch und Eier	
buta-niku	Schweinefleisch
gyû-niku	Rindfleisch
tori-niku	Geflügelfleisch
tamago	Ei
medama-yaki	Spiegelei(er)
yude tamago	weichgekochtes Ei
iri-tamago	Rührei

yasai	
Gemüse	
nasu	Aubergine
fuki	Huflattich
shôga	Ingwerwurzel
ninjin	Karotte
kabocha	Kürbis
negi	Lauch
renkon	Lotuswurzel
piiman	Paprika (klein)
daikon	Rettich
Shiitake	Shiitake-Pilz (-take = Pilz)
satsuma-imo	Süßkartoffe
sato-imo	Taro
yama-imo	Yamswurzel (Bergkartoffel)
shiso	Perillablatt
tama-negi	Zwiebel

Einkaufen

Anders als in fast allen anderen Ländern Asiens, kann man in Japan nicht handeln. Wie in China gibt es nur feste Preise, mit wenigen Ausnahmen: In Tokyos Stadtteil Akihabara, in dem es von Elektro- und Elektronikläden nur so wimmelt, ist Handeln im gewissen Umfang möglich, auch auf Märkten anlässlich von Tempelfesten. In Touristenläden wird man einen Discount anbieten, da der Preis ohnehin höher angesetzt ist als in „normalen" Läden

Einkaufen

Die Riesen-Kaufhäuser sind wahre Konsumpaläste, mit ausgesprochen zuvorkommendem Verkaufspersonal. Kaufhäuser und andere Geschäfte haben nur 6 Tage in der Woche geöffnet, aber die Ruhetage sind über die Woche verteilt, so dass man auch am Wochenende einkaufen kann.

Ladenschluss ist gegen 20 Uhr, aber heute gibt es viele Supermärkte, die 24 Stunden geöffnet haben (kombini, *convenience store*), auch unzählige Automaten laden überall und jederzeit zum Konsum ein.

もっと安いの有りますか。
motto yasui no ari-masʉ ka
mehr billig 2 geben ?
Haben Sie noch etwas Günstigeres?

これは少し高いです。
kore wa sʉkoshi takai desʉ
dies 1 etwas teuer ist
Das ist etwas zu teuer.

他の物[大きさ、色]を見せて下さい。
hôka no mono (ôki-sa, iro) o misete kudasai
andere 2 Sache (Größe, Farbe) 4 zeigen bitte
Zeigen sie mir etwas anderes (eine andere Größe, Farbe).

少し気二入らないです。
sʉkoshi ki ni iranai desʉ
etwas Gefühl 3 nicht-brauchen ist
Es gefällt mir nicht. (sehr höflich)

これを見せて下さい。
kore o misete kudasai
dies 4 zeigen bitte
Zeigen Sie mir bitte das da.

。。。どこで買えますか。
... wa doko de kaemas~~u~~ ka
... 1 wo in kaufen-kann ?
Wo kann ich ... kaufen?

これは何で出来ていますか。
kore wa nan de dekite imas~~u~~ ka
dies 1 was mit gemacht ist ?
Woraus ist das gemacht?

英語の説明書は入っていますか。
eigo no setsumei-sho wa haite imas~~u~~ ka
Englisch von Erklärung-Papier 1 hineingekommen ist ?
Ist eine englische Gebrauchsanweisung dabei?

これは免税ですか。
kore wa menzei des~~u~~ ka
dies 1 steuerfrei ist ?
Ist das steuerfrei?
(z.B. Perlen, Uhren, Kameras)

これは海外へ送ってもらえますか。
kore wa kai-gai e okutte moraemas~~u~~ ka
dies (1) Meer-außen nach schickend empfangen-können ?
Können sie mir das nach Übersee schicken?

Auf der Bank

Auf der Bank kommt man grundsätzlich mit English zurecht. Wer Geld braucht, kann es mit Kreditkarte = kʉrejitto kâdo / kyashʉ-kâdo (*cash card*) am Geldautomat = kyashʉ dispensâ (*cash dispenser*) abheben, am besten mit Visa, Masters und natürlich JCB.

両替はどこで出来ますか。
ryôgae wa doko de dekimasʉ ka
Geldwechsel 1 wo in kann ?
Wo kann ich Geld wechseln?

両替のレートはいくらですか。
ryôgae no rêto wa ikura desʉ ka
Geldwechsel 2 Kurs 1 wie-viel ist ?
Wie ist der Wechselkurs?

この一万円札をくずす事できますか。
kono ichi-man en satsu o kuzusʉ koto ga dekimasʉ ka
diese 10.000 Yen Note 4 wechseln Sache 1 können ?
Können Sie mir diesen 10.000 Yen-Schein „klein“ machen?

私はドル[マルク]を両替したいです。
watashi wa dorʉ (marʉkʉ) o ryôgae shi-tai (no) desʉ
ich 1 Dollar (DM) wechseln möchte-gern ist
Ich möchte gern Dollar (DM) wechseln.

yûro	Euro
maruku, shiringu	DM, Schilling
suisu furan	Schweizer Franken
doru, pondo	Dollar, Pfund
okane, genkin	Geld, Bargeld
satsu	Banknote
toraberâzu-chekku	Reiseschecks
ginkô(-in)	Bank(angestellte/r)
hon-ten, shi-ten	Zentrale, Zweigstelle
ryogae suru, rêto	Geld wechseln, Kurs
komakaku suru	„klein“ machen
shiokuri suru	überweisen
reshiito	Quittung

Auf der Post

Kleine Postämter, erkennbar am roten T mit Doppelbalken, gibt es überall in den Städten. Man kann von dort auch Geldüberweisungen veranlassen. Briefmarken, Postkarten, Aerogramme sind aber auch in (Tabak-)Läden, die das erwähnte T zeigen, erhältlich.

近くの郵便局はどこですか。
chikaku no yûbinkyoku wa doko desu ka
nächstes von Post-Amt 1 wo ist ?
Wo ist das nächste Postamt?

100円の切手を５枚下さい。
hyaku en no kitte o go-mai kudasai
100 Yen von Briefmarken 4 fünf-Stück bitte
Bitte fünf 100-Yen Briefmarken.

Auf der Post

料金はいくらですか。
ryô-kin wa ikura des~~u~~ ka
Gebühr 1 wie-viel ist ?
Wie hoch ist die Gebühr?

この手紙を速達でお願いします。
kono te-gami o sok~~u~~-tatsu de o-negai shimas~~u~~
diesen Brief 4 Express mit wünsche mache
Diesen Brief bitte per Express schicken.

この小包は船便でドイツ迄いくらですか。
kono kozutsumi wa funa-bin de doitsu made ikura des~~u~~ ka
dies Päckchen 1 See-Post mit BRD bis wie-viel ist ?
Wie teuer ist dieses Päckchen per Seepost in die BRD?

電報をフランクフルトへ　うちたいです。
dempô o Frankfurt e uchi-tai des~~u~~
Telegramm 4 Frankfurt nach aufgeben-möchte ist
Ich möchte ein Telegramm nach Frankfurt aufgeben.

いつ着きますか。
itsu tsuki-mas~~u~~ ka
wann ankommt ?
Wann kommt es an?

船便／航空便	**funa-bin/kôkû-bin**	Seepost/Luftpost
オーストリア／スイス	**osutoria/suisu**	Österreich/Schweiz
絵葉書／手紙	**ehagaki/tegami**	Ansichtskarte/Brief
切手／料金	**kitte/ryô-kin**	Briefmarke/Gebühr
電報／ファクス	**dempô/fakusu**	Telegramm/Fax

kozutsumi/nakami	Paket/Inhalt	小包／中味
kakitome	eingeschrieben	書き留め
soku-tatsu	Express	速達
(chûô-)yûbin-kyoku	(Haupt-)Postamt	[中央]郵便局
kyoku dome	postlagernd	局留め
okuru (okurimasu, okutte)	schicken	送る[送ります、送って]
utsu (uchimasu, utte)	aufgeben	うつ[打ちます、打って]
tsuku (tsukimasu, tsuite)	ankommen	着く[着きます、着いて]

Telefonieren

Man sagt, es gäbe deswegen so viele öffentliche Telefone, weil die Japaner wegen des fehlenden Straßennamensystems ständig nachfragen müssen, wie sie zu einer bestimmten Adresse kommen. Auf jeden Fall gibt es die grünen, öffentlichen Telefone – kôshu denwa – überall, fast alle Geschäfte und Lokale haben Münztelefon. Bei Ortsgesprächen zahlt man im 3-Minuten-Takt. Heute gibt es jedoch überwiegend Karten-Telefone, die aber auch Münzen annehmen. Von den grün-goldenen lassen sich internationale Gespräche führen. Für die Nummern 110 (Polizei) und 119 (Feuerwehr/Krankenwagen) muss man nur den roten Notfallknopf drücken.

Wenn man sich am Telefon meldet, sagt man erst einmal: moshi-moshi *(Name)* de gozai-mas~~u~~.

moshi-moshi, Martin des~~u~~ keredomo
hallo, Martin ist aber
Hallo, hier spricht Martin.

Telefonieren

Einen ganz besonderen Service für Touristen haben sich die Japaner einfallen lassen: In Ost-Japan und Hokkaido kann man unter der Rufnummer 0120-222800 und in Westjapan unter 0120-444800 gebührenfrei zwischen 9 und 17 Uhr einen Englisch sprechenden „Berater" erreichen, wenn man das Sprüchlein: „Collect Call Ti Ei Ssi" (= TlC) aufsagt. In Telefonzellen kommt die zunächst eingeworfene 10 Yen-Münze wieder zurück. Nur in Tokio (3503-4400) und in Kyoto (371-5649) sind die Nummern anders, und man muss dort die Gebühren selber zahlen.

Uchiyama sensei wa irasshai-mas~~u~~ ka
Uchiyama Lehrer 1 da-ist ?
Ist Professor Uchiyama zu sprechen?

iie, tadaima dekakete ori-mas~~u~~
nein, jetzt ausgegangen ist
Nein, er ist gerade außer Haus.

itsu goro o-kaeri ni narimas~~u~~ ka
wann etwa zurückkehren 3 wird ?
Wann etwa wird er zurückkehren?

yûgata roku-ji goro modoru to omoi-mas~~u~~
Spätnachmittag 6-Uhr etwa zurückkommen so denke
Ich denke, er wird gegen 18 Uhr zurückkommen.

o-kaeri ni nari-mashitara denwa o o-negai shi-mas~~u~~
zurückkommen 3 wurde-wenn Telefon 4 wünsche mache
Wenn er zurückkommt, möchte er bitte zurückrufen.

hai, kash~~i~~komari-mash~~i~~ta
unhöflich mache
Ja, selbstverständlich.

shitsurei shi-mas~~u~~
ja einverstanden
Auf Wiederhören.

Geschäftlich unterwegs

Wer geschäftlich unterwegs ist, wird dies nicht ohne gründliche Vorbereitung tun. Verhandlungen werden wohl meist auf Englisch oder unter Mitwirkung von Dolmetschern geführt werden. Der geschäftliche Erfolg beruht im wesentlichen aber auch auf einem guten zwischenmenschlichen Kontakt. Dabei werden Sprachkenntnisse auf jeden Fall nützlich sein. Hier also einige Begriffe zum Thema Business. Angesichts der Bedeutung des Englischen im internationalen Wirtschaftsleben entstammen viele Begriffe aus dieser Sprache, aber nicht alle, und manchmal sind sie durch Abkürzung völlig verändert.

Wenn Ihnen mal ein Begriff nicht einfällt, hilft es, den passenden englischen Begriff mit Katakana-Aussprache zu verwenden – sehr oft liegen Sie damit richtig.

arubaito	Teilzeitarbeit
bijinesu	Geschäftsmann
bijinesuman	Geschäftsmann
buchô	Direktor, Manager
burando	Markenname
hanko	persönlicher Stempel (= Unterschrift)
jitsugyô	Unternehmen
jitsugyôka	Unternehmer
kaigi	Meeting, Konferenz
kaisha	Firma (z. B. seni-gaisha Textilfirma)
kao o tateru	Gesicht wahren
kao o tsubusu	Gesicht verlieren

chotto kangaete mi-mashô *oder* kangaesasete kudasai *bedeutet: Lassen Sie uns etwas darüber nachdenken. (= japanisches Nein z. B. unter Geschäftsleuten)*

keizai	Wirtschaft
keizaiteki	wirtschaftlich
kone	gute Beziehungen
kôjô	Fabrik
kyûka	Urlaub
meishi	Visitenkarte
pêpa-kampanii	Scheinfirma
sha-chô	Firmenchef
shigoto	Arbeit
shihon	Kapital
shijô	Markt
shijô no shisatsu	Marktanalyse
shinyô	Vertrauen
shinyô-chôsa	Bonitätserkundigung
shôgyô	Handel
shôhin	Waren
shukka	Versand, Verschiffung
yûkô-na	gültig, wirksam

Krank sein

Die älteren Ärzte können häufig noch Deutsch, da vor dem 2. Weltkrieg Deutsch die Medizinersprache war, heute ist das Englisch. Trotzdem hier die wichtigsten Ausdrücke auf Japanisch.

どこか良い[歯]医者を教えて下さい。
doko ka yoi (ha-)isha o oshiete kudasai
wo ? guter (Zahn-)Arzt 4 lehren bitte
Bitte nennen Sie mir einen guten (Zahn-)Arzt.

医者／救急車を呼んで下さい。
isha/kyûkyû-sha o yonde kudasai
Arzt/Krankenwagen 4 rufen bitte
Rufen Sie bitte einen Arzt/Krankenwagen!

私は病気です。
watashi wa byôki desu
ich 1 krank bin
Ich bin krank.

助けて。
tasukete
retten
Hilfe!

手伝って下さい。
tetsudatte kudasai
helfen bitte
Helfen Sie (mir) bitte!

気分が悪いです。
kibun ga warui desu
Gefühl 1 unwohl ist
Mir ist schlecht.

気持ちが悪くなりました。
kimochi ga waruku narimashita
Gefühl 1 schlecht wurde
Ich fühle mich nicht gut.

良い病院どこに有りますか。
yoi byô-in doko ni ari-masʉ ka
gut Krankenhaus wo in gibt-es ?
Wo gibt es ein gutes Krankenhaus?

私に薬を買って来て下さい。
watashi ni kusuri o katte-kite kudasai
ich 3 Arznei 4 kaufen-kommen bitte
Kaufen Sie mir bitte Arznei.

私は怪我しました。
watashi wa kega shimashɨta
ich 1 verletzt gemacht
Ich habe mich verletzt.

ここが痛い。
koko ga itai
hier 1 schmerzen
Hier tut's weh!

私の保険の為に診断書。。。
watashi no hoken no tame ni shindan-sho
ich 2 Versicherung Part. 2für 3 Diagnose-Papier
Für meine Versicherung brauche ich eine Diagnosebescheinigung ...

。。と治療の領収書が入ります。
to chiryô no ryô-shû-sho ga iri-masʉ
und Behandlung 2 Quittung 1 brauchen
... und eine Quittung über die Behandlungskosten.

kenkô/kenkô-na	Gesundheit/gesund	
chiryô	med. Behandlung	
chiryô suru	behandeln	
itamu	schmerzen, weh tun	(itami-mas~~u~~)
tetsudau	helfen	(tetsudai-mas~~u~~, tetsudatte)
tas~~u~~keru	retten	(tasuke-mas~~u~~, tasukete)
kega	Verletzung	
kega suru	sich verletzen	
kansen	Ansteckung	
kansen-suru	sich anstecken	
kaze o hiku	sich erkälten	*wörtlich: Wind ziehen*
netsu	Fieber	
geri	Durchfall	
kosets~~u~~	Knochenbruch	
chûsha	Injektion	

karada no bubun	**Körperteile**	体の部分
ashi, atama	Bein/Fuß, Kopf	足、頭
shinzô, chô	Herz, Darm	心臓、腸
ha, hai	Zahn, Lunge	歯、肺
hana, hiza	Nase, Knie, Schoß	鼻、膝
hone, i	Knochen, Magen	骨、胃
jinzô, kami	Niere, Haar	腎臓、髪
kanzô, kata	Leber, Schulter	肝臓、肩
kuchi	Mund	口
me, mimi	Auge(n), Ohr(en)	目、耳
mune, nô	Brust, Gehirn	胸、脳
nodo, o-naka	Kehle/Hals, Bauch	喉
senaka, shinkei	Rüken, Nerven	背中、神経
sh~~i~~ta, te, ude	Zunge, Hand, Arm	舌、手、腕

Fotografieren

Japaner sind bekannt für ihre Lust am Fotografieren, es ist deshalb auch einfach, die Erlaubnis für ein Foto zu bekommen. Hier ein paar passende Sätze dazu:

写真をとってもいい／よろしいですか。
shashin o totte mo ii/yoroshii desu ka
Foto 4 gezogen auch gut ist ?
Darf ich ein Foto machen?

カメラのシャッターをおして下さい。
kamera no shatta o oshite kudasai
Kamera 2 Auslöser 4 drückend bitte
Bitte machen Sie ein Bild von uns mit meiner Kamera.

写真をとる[わ]よ
shashin o toru (wa) yo
Foto 4 ziehen (Part.weiblich) Part.
Ich mache jetzt ein Foto.

Nichts verstanden? – Weiterlernen!

Dieses Kapitel kennen Sie bereits aus den Klappen, aber weil es so essentiell ist bei allen Verständigungsproblemen, hier noch einmal in Ruhe:

watashi wa hotondo nihongo o hanasemasen
ich 1 fast Japanisch 4 sprechen-können-nicht
Ich kann kaum Japanisch sprechen.

wakatta (des~~u~~)	**wakarimas~~u~~**
Ich habe verstanden.	Ich verstehe.

watashi no iu-koto ga wakarimas~~u~~ ka
ich 2 sagen-Sache 1 verstehen?
Verstehen Sie, was ich sage?

［どうぞ､今言った事を］くりかえして下さい。
(dôzo ima itta koto o) kurikaeshite kudasai
(bitte jetzt gesagte Sache 4) wiederholend bitte-geben
Bitte wiederholen Sie (was Sie gerade gesagt haben).

これは［日本語で］何と言いますか。
kore wa (nihongo de) nan to iimas~~u~~ ka
dies 1 (Japanisch auf) was so sagen ?
Wie heißt das (auf Japanisch)?

これを訳して下さい。
kore o yakʉ-shɨte kudasai
dies 4 Übersetzung machen bitte-geben
Bitte übersetzen Sie mir das.

どうぞゆっくり話して下さい。
dôzo yukkuri hanashɨte kudasai
bitte langsam sprechend bitte-geben
Bitte sprechen Sie langsam(er).

すみません書いてくれますか。
sumimasen kaite kuremasʉ ka
zu-Ende-gehen-nicht schreibend Gefallen-tun ?
Entschuldigung, würde Sie mir das bitte aufschreiben?

Wenn es mit Japanisch nicht klappt:

誰か／どなたか英語を話せますか。
dare-ka/donata-ka eigo o hanasemasʉ ka
jemand Englisch 4 sprechen-können ?
Spricht hier jemand Englisch?

英語を話しつずけましょう。
eigo o hanashi tsuzukemashô
Englisch 4 Sprechen fortsetzen-lass-uns
Lass uns Englisch weitersprechen.

Zum Schluss

Japanisch lernen, heißt Japanisch denken lernen. Dazu passt ein bekanntes Sprichwort:

go ni itte wa go ni shitagae
Dorf in hineingehend 1 Dorf in anpassen
Wenn du in ein Dorf gehst,
richte dich nach seinen Gepflogenheiten.

Trotz der Dominanz von Tôkyô haben die Menschen ein starkes Bewußtsein für ihre Heimat bewahrt. Die Tokyoter haben seit der Edo-Zeit den Ruf, großzügig, ehrlich, hart arbeitend, aber auch streitlustig zu sein. Wer aus Kyôto stammt, ist stolz auf das kulturelle Herz Japans, gilt aber aus Tokyoter Sicht als weich, elegant, höflich aber nicht unbedingt ehrlich. Die Menschen aus dem benachbarten Ôsaka werden für geschäftstüchtig und bisweilen geizig gehalten, aber sie sind angesichts ihrer Gaumenfreude alles andere als Langweiler. Die Menschen aus Shikoku und Kyûshû werden als traditionell, großzügig und gutmütig eingeschätzt, die aus dem Norden sind zurückhaltender gegenüber Fremden. Hokkaidô macht eine Ausnahme, da es vor allem von Auswanderern aus Tôkyô besiedelt wurde. Vorher lebten dort nur Ainu, die sich inzwischen fast ganz mit den Japanern vermischt haben.
Also viel Spaß und Erlebnisse in Japan!

Literaturhinweise

Wenn Sie alles können, was in diesem Büchlein steht, haben Sie wahrscheinlich Lust, weiterzulernen. In Japan gibt es eine riesige Auswahl an Lehrbüchern, Literatur u. a.

Lehrbücher

In gut sortierten Buchhandlungen in Deutschland gibt es heute auch schon eine gute Auswahl. Wer dazu Gelegenheit hat und wem Englisch keine Mühe macht, dem empfehle ich allerdings, sich in Japan eines der besten und bewährtesten Lehrbücher zu kaufen:

Japanese For Today (atarashii nihongo) Gakken. – *Es ist reich bebildert, bietet interessante, teils einfühlsame Texte, sehr breit gefächert mit klarer Grammatik. Mir hat es großen Spaß gemacht, mit diesem Buch zu lernen. (Gutes, aber teures Kassettenpaket gibt es extra zu kaufen.) Mit dem Buch kann man auch die wichtigsten kan-ji (chinesisch-japanischen) Schriftzeichen lernen.*

Japanese For Beginners“ (nihongo nyûmon). – *In ganz ähnlicher wie „Japanese For Today“, aber ohne kan-ji.*

An deutschsprachigen Lehrbüchern kann ich empfehlen:

Japanisch für Sie, Hueber – *praktisch aufgebaut, mit vielen Dialogen und übersichtlicher Grammatik. Dazu gibt es ein Begleitheft mit den Lösungen der Übungsaufgaben.*

Japanisch-Deutsches Lernwörterbuch mit über 1.000 Stichwörtern – *Die japanische Schreibweise (kan-ji und kana) wird nur im Anhang für die Dialoge aufgeführt, ansonsten nur ro-ma-ji.*

Schrift

Wenn Sie sich für die Schrift interessieren, haben Sie sowohl Lehrbücher als auch Computer-Software zur Auswahl:

Lehrbuch der Japanischen Schrift, Langenscheidt.

A New Dictionary of Kanji Usage, Gakken – *attraktiv aufgemacht.*

MacSunrise Script & **KanjiBank** – *Kanji-Übungsprogramme für Macintosh, Japan Media, Berlin.*

Wer sich für Literatur im Original interessiert, aber noch nicht viele kanji kennt, kann sich in Japan sogenannte junior-muke-Bücher kaufen: neben jedem kanji steht die Lesart in Hiragana.

Wortliste Deutsch – Japanisch

Die beiden Listen enthalten jeweils über 1000 Stichwörter, eine solide Grundlage für den Anfang, was natürlich nicht bedeutet, dass Sie darin alle Wörter finden, die Sie vielleicht suchen; andererseits wird Ihnen manches überflüssig erscheinen. Aber so ist das eben mit knappen Wörterlisten wie diesen. Vermissen Sie ein Wort, können Sie sich wie eingangs bereits erwähnt recht häufig im Japanischen dadurch weiterhelfen, dass Sie anstelle des Ihnen unbekannten japanischen Wortes das entsprechende englische benutzen, natürlich mit Katakana-*Aussprache.*

Viele der Errungenschaften der westlichen Zivilisation haben ihren Niederschlag in meist englischen Begriffen (Japlish) gefunden, aber auch aus dem Portugiesischen (aus der Zeit der anfänglich erfolgreichen Missionsversuche und den mittelalterlichen Handelsbeziehungen), dem Französischen und dem Deutschen. Die Bergsteiger sagen für Seil = zairu; *Haken* = hâken; *Hammer* = hammâ; *Gelände* = gerende. *Vergessen Sie dabei nie, diese Wörter wie Japaner auszusprechen, also so, als würden Sie sie nach dem* Katakana-*System schreiben und natürlich sprechen.*

Denken Sie auch an die Ausspracheregeln, besonders, was das stumme u *nach* s *und zwischen stimmlosen Konsonanten betrifft. In der Wörterliste haben wir auf die Kennzeichnung der stummen* u *und* i *verzichtet.*

Die Adjektive der zweiten Gruppe werden durch ein nachgestelltes (na) *gekennzeichnet (siehe Kapitel „Eigenschaftswörter“). Noch eine Bemerkung zu meiner Schreibweise: Ich habe häufiger Bindestriche gesetzt als in Wörterbüchern üblich. Ich will damit die Struktur bzw. Gemeinsamkeiten aufzeigen, gesprochen werden die Wörter natürlich, als wären sie*

zusammengeschrieben: tabe-masu *wie* tabemasu *usw.*
Oft sehen Sie gleichgeschriebene Wörter mit unterschiedlicher Bedeutung. Wie anfangs erwähnt, sind diese auch mit unterschiedlichen Schriftzeichen geschrieben, in der rô-ma-ji-*Form sieht man aber den Unterschied nicht.*

A

Aal unagi
ab und zu toki-doki
abbiegen magaru,1
Abend ban
Abendessen yû-han; yûshoku
Abendrot yûyake
aber keredomo; datte; de mo; shikashi; tokoro-ga
abfahren (Zug) hassha suru
Abfahrt shuppatsu
Abfall gomi
Abkürzung chika-michi
abreisen tatsu,1
abscheulich iya
Abteilungschef bu-chô
abwesend sein rusu ni suru
Adresse jûsho
älterer Bruder ani; onii-san
älterer Schwester ane; o-nê-san
ärgern, sich okoru,1
äußerst kiwamete
Affe saru
Ahorn momiji
AIDS eizu; êzu
Aktivität katsudô
alle mina
allein hitori
alles zembu
allmählich dandan to
alt furui
alt (Mensch) toshi-yori
Ameise ari
Amerikaner amerika-jin
Amt kyoku; jimusho
Andenken kinen
andere(r,s) hoka no
anders sein chigau,1
Anfang saisho
anfangen hajimaru,1
Angebot môshikomi
Angelegenheit koto
angeln tsuri
Angst shimpai; fuan
ankommen todoku,1; tsuku,1
annehmen chôdai suru; itadaku,1
Ansichtskarte e-hagaki
anstrengen, sich tsutomeru,2; gambaru
antik furui
Antiquität kottôhin
Antrag môshikomi
Antwort henji
antworten henji o suru; kotaeru,2
anvertrauen azukeru,2
Apfel ringo
Apotheke kusuri-ya
Appetit shokuyoku
Arbeit shigoto
arbeiten hataraku,1
Arm ude
Armee gun
Armut (arm) bimbô (na)
Art shurui
Arzt isha
Aschenbecher hai-zara
Asien Ajia
Atlantik taiseiyô
Aubergine nasu
auch mo; yahari
Aufenthalt taizai
aufgeben akirameru,2; agaru,2
aufhören yameru,2
aufpassen chûi suru
aufstehen tatsu,1; agaru,1; okiru,2
Auge me
Augenblick toki
Ausgang de-guchi
ausgeben dasu,1
ausgehen dekakeru,2
ausgezeichnet rippa na
Auskunft annai-jo
Ausland gai-koku
Ausländer gaijin
ausleihen kariru,2
ausruhen yasumu,1

Aussicht nagame; keshiki
Aussprache hatsu-on
aussprechen hatsu-on suru
aussteigen oriru,2
ausstellen miseru,2
Ausstellung kôgyô
Auto jidôsha
automatisch jidô
außen soto

B

Baby akambô
Bad, öffentl. sentô; furo(o-)
baden furo ni hairu
Bär kuma
Bahnhof eki
Bahnhofs-Lunchbox eki-ben(tô)
bald mamo-naku
bald mô
Bambus take
Bambusflöte shakuhachi
Bank ginkô
Banknote satsu
Bargeld genkin
Batterie denchi
Bauch o-naka
Bauch aufschlitzen seppuku; hara-kiri
Bauer hyaku-shô
Beamter yakunin
Bedauern kôkai
bedauernswert kawai-sô
Bedeutung wake; imi; kankei
Bedienung kyûji
Bedingung guai; yôsu; jôtai
Beefsteak bifuteki
beeilen isogu,1
beenden katazukeru
befestigen tsukeru,2
befördern hakobu,1
beginnen hajimeru,2
behandeln chiryô suru
beide ryô-hô(no)
Bein ashi
bekommen morau,1
beliebt ninki
benachrichtigen dengon suru
benötigen iru,1
Benzin gasorin
bequem raku
Berg yama; -san
Bergpass tôge
Bergsattel tôge
Bergsteigen tozan
Bergsteiger tozan-sha
berichten todokeru,2
Beruf shokugyô
Besichtigung kembutsu
besonders toku ni
bestellen chûmon suru
Bestellung chûmon
bestimmt kitto; hakkiri to
besuchen (höflich) ukagau,1
Betragen gyôgi
betreten hairu,1
betrügen damasu,1
Bett toko; *(Jugendherberge)* betto
Bettzeug futon
Beutel fukuro
Bevölkerung jinkô
bevorzugen erabu
bewegen ugoku,1
Bewegung undô
Beweis(en) shômei (suru)
bewundern homeru,2
bezahlen harau,1
Beziehung kankei
Bezirksamt kuyakusho
bezweifeln gimon o motsu
Bienenhonig hachi-mitsu
Bier biiru
billig yasui
Birne nashi
bis made
bisschen chotto
bitte dôzo
bitten negau,1
bitten um tanomu; chûmon suru
bitter nigai
Blatt ha(ppa)
blau aoi
blauer Himmel ao-zora
bleiben iru,2
Bleistift empitsu
Blitzlicht furasshi-raitu
bloß bakari

Blume hana
Blumensteckkunst ike-bana
Bluse burausu
Blut chi
böse warui
Bohnen mame
Bohnensprossen moyashi
Brandung nami
Brauch shûkan
brauchen iru,1
braun cha-iro(no)
Braut yome
brechen kowasu,1
breit hiroi
brennen moeru,2; yakeru,2
Brief te-gami
Briefmarke kitte
Brille me-gane
Brot pan
Brücke hashi
Brust mune
Buch(laden) hon(-ya)
Buddhismus buk-kyô
buddhistisher Mönch bôsan(o-); bôzu
Bücherei toshokan
Bücherregal hon-dana
Büffet baikingu
Büro kyoku; jimusho
Bus basu
Butter bata

C

Café (jap.) kissa-ten
Charakter seikaku
China chû-goku
Cousin/e itoko
Curry(-Reis) karê(-raisu)

D

DM maruku
Dach yane
danach sore-kara
Dank arigatô
dann sore-kara; de wa; soshite
Darm chô
das are; ano; sore
Datum hizuke
dauern kakaru,1
dein anata no
Demokratie demokurashii; minshushugi
Demonstration demo
denken omou,1; kangaeru,2
deponieren azukeru,2
deshalb da-kara
deutsche Sprache doitsu-go
Deutscher doitsu-jin
Deutschland doitsu
Diagnose shindan
dicht chikai
dick futoi; atsui
Dieb dorobô
dies kore
diese(r, s) kono
Ding mono
Doktor sensei
Dollar dôru
Dolmetscher tsûyaku
Donner kaminari
doppelt bai; daburu
Doppelzimmer futari-beya
Dorf mura; sato
dort asoko; soko
dorthin achira; sochira
Dose kan
Dosenöffner kan-kiri
Dreirad sanrinsha
dringend kyû (ni)
drüben mukô
du anata
dünn hosoi
dumm baka na
dunkel kurai
Dunst kasumi
Durcheinander gocha-gocha
Durchfall geri
durchhalten gambaru
Durst haben kawaku,1
Dusche shawâ

E

Ebene nohara
ebenso yahari
echt hon-mono
Ecke kado
Ehefrau oku-san

Ehefrau oku-sama *(höflich)*; kanai; tsuma *(eigene)*
Ehemann shujin(go-)
Ehepaar fufu
ehrlich tadashii; shôjiki (na)
Ei tamago
eigenartig kimyô na
Eilzug junkyû
ein wenig shôshô
Eindruck inshô
einfach kantan (na)
Einfluss eikyô
Eingang iri-guchi
Einkauf kai-mono
einladen shôtai suru
Einladung shôtai
einmal ichido
einpacken tsutsumu,1
einsam sabishii
einsteigen noru
Eintopf shichû
Einwanderamt imin-kyoku
Einzelzimmer ko-shitsu
Eis kôri
Eisen tetsu
Eisenbahn tetsu-dô
Eiskrem aisukurimu
elektrisch denki-no
Elektrizität denki
Eltern ryôshin(go-); oya
empfangen chôdai suru
Ende saigo (no)
enden owaru,1
endlich saigo ni
Energie enerugii
England igirisu/ei-koku
englisch ei-go
entfernen hanareru,2
entscheiden kimeru,2
Entschuldigung gomen; môshi-wake
Entwicklung hattatsu; genzô (Film-)
Erbsen mame
Erdbeben jishin
Erde chikyû; tochi
Ereignis jiken
Ergebnis kekka
erinnern, sich omoidasu,1; oboeru,2
erkälten, sich kaze o hiku
erklären setsumei suru
Erklärung setsumei
erkundigen chôsa suru
erlauben yurusu,1
Erlaubnis kyoka
erleichtert sein anshin suru
Erleuchtung satori
Ermäßigung waribiki
ernst daiji na
Eröffnung kaijo
erscheinen deru,2
Ersparnisse chokin
erstaunt odoroku; bikkuri suru
erste Klasse it-tô
erstens dai-ichi ni
erstmals hajimete
Erwachsener otona
Erwartung nozomi
erzählen hanasu,1
Erziehung kyôiku
es gibt(-nicht) aru,1, (nai)
Essen ryôri
Essen, gekocht ni-mono
essen chôdai suru; taberu,2; agaru,1; itadaku,1
Essenslieferung demae
etwa bakari; yaku; hodo; goro
etwas sukoshi
Export yushutsu
Expresszug kyûkô
extrem mottomo
Essstäbchen (o-)hashi

F

Fabrik kôjô
-fach -bai
Fächer sensu
Faden himo; ito
Fahne hata
fahren iku,1; hashiru,1
fahren (selbst) unten suru
Fahrkarte kippu
Fahrkarte (einfach) katamichi
Fahrplan jikan-hyô
Fahrrad ji-ten-sha
Fahrstuhl erebêtâ
Fall ba'ai
fallen ochiru
fallen (Regen) furu,1

falls moshi
falsch warui
falsch sein chigau,1
Farbe iro
fast yaku; hotondo
Feld nohara; hatake
Felsen iwa
Fenster mado
Ferien kyûka
Ferner Osten kyokutô
Fernseher terebi
fett abura
Feuer hi; kaji
Feuerwerk hana-bi
Fieber netsu
Filiale shi-ten
Film (Farb-) karâ-fuirumu
Film (Kino-) eiga
Finanzen keizai
finden mitsukeru,2
Finger yubi
Firma kaisha
Fisch sakana, -uo
Flasche bin
Fleisch niku
Fliege hae
fliegen tobu,1
fließen nagareru,2
Flughafen kawa
Flugzeug hikôki
Fluss kawa
Forschung kenkyû
Foto shashin
Fotoabzug yakitsuke
Fotoapparat kamera
fotografieren shashin o toru
Frage shitsumon; gimon
fragen (höfl.) ukagau,1
Fragepartikel ka
Frankreich furansu
französisch furansu-go
Frau fujin; onna
frei (sein) aite (iru)
Freiheit jiyû
Freizeit hima
freuen, sich yorokobu
Freundlichkeit shinsetsu
Frieden heiwa
Friedhof bochi
frisch shinsen (na)
Frisör tokoya
fröhlich hade na
froh ureshii
früh hayai
Frühling haru
Frühstück asa-(go)-han
führen annai suru
Fuji(yama) Fuji-san
Fuß ashi

G

Gabel fôku
Galerie bijutsu-kan
Gangster (organisiert) yakuza
ganz dômo; zembu
Garten niwa
Gas gasu
Gast kyaku
Gebäude tate-mono
geben agaru,2; yaru,1
geben, höfl. kudasaru,1
Gebirgszug sammyaku
geboren werden umareru,2
Gebrauchsanweisung setsumei-shô
Gebrauchtware chûko-hin
Gebühr ryô-kin
Geburtstag tanjôbi
Gedanke kangae
Gedicht shi
gefährlich kiken (na); abunai
Gefährte nakama
Gefahr kiken
Gefallen sewa (o)
Gefühl kibun; ninjô
gegen tai
Gegend chihô
Gegenteil gyaku
gegenteilig hantai
gegenüber mukai
Gegenwart gendai
gehen iku,1
Geist kokoro
geizig kechi (na)
gelb ki-iroi
Geld kane
Geld wechseln ryo-gae
Gelegenheit ba'ai; setsu
Gemälde e
gemeinsam issho ni
Gemüse yasai
genau chanto; chôdo
genug jûbun na; yoku
Geographie chiri
Gepäck nimotsu

geradeaus massugu
Geräusch oto
geschehen okoru,1
Geschenk kuri-mono; purezento
Geschichte rekishi; hanashi
Geschichten erzählen rakugo
geschickt jôzu na
Geschmack aji
Geschwister kyôdai
Gesellschaft shakai
Gesetz hôritsu
Gesicht kao
Gespräch sôdan; hanashi
Gestalt katachi
gestern kinô
gesund genki na; kenkô na
Gesundheit kenkô
Getränk nomi-mono
Getreide mugi
gewöhnlich taitei
gewürzt (scharf) karai
Gipfel chôjô; mine
Glas garasu
Glaube shûkyo
glauben omou,1
Glaubwürdigkeit shinyô
Globus chikyû
Glocke kane
Glück kôfuku; shiawase
glücklich kôfuku-na
Glühbirne denkyû
Glutamat aji-no-moto
Gold kin
Gott kami-sama
Grad dan
Grammatik bumpô
Gras kusa
grau nezumi-iro
grausam hidoi
Größe ôki-sa
groß futoi; ôkii; dai-
Großvater ojii-san
grün midori
gründlich yoku
Grund riyû
Gruß aisatsu
gültig yûko (na)
günstig benri (na)
Gurken kyûri
gut umai; yoku; yoi; ii

H

Haar kami
Hälfte han-bun
Händler shônin
Hafen minato
halb- han-
Halbinsel hantô
halbgar namayake (na)
hallo moshi-moshi
Hals nodo; kubi
halten toru,1
Haltestelle noriba
Hand te
Handel bôeki
handgearbeitet te-sei
handgemalt te-gaki
Handlung katsudô
Handtuch taoru; te-nugui
Harfe koto
hart katai
Hase usagi
Hauptstadt shuto
Haus ie; uchi
Hausnummer banchi
Hauskimono yukata
Haut hifu; kawa
Heimat(stadt) furusato
Heirat kekkon
heiraten kekkon suru
heiß atsui
helfen tasukeru,2; tetsudau,1
hell akarui
Hemd waishatsu
herauskommen deru,2
Herbst aki
herunterfahren/ heruntergehen – kudaru,1
Herz kokoro; shin-zô
heute kyô
heute Abend komban
hier kochira; koko
hier und da hobô
hier und dort(hin) achi-kochi
Hilfe sewa (o)
Himmel sora
Hin- und Rückfahrt ôfuku
hinausgehen dekakeru,2
hinten ushiro
hinter ato de
hinweisen sasu,1
Hobby shumi

hoch takai
Höhe take
Höhepunkt chôten
hoffen negau,1; kibô suru
Holzsandalen geta
Holzschnitt moku-hanga
Hose zubon
Hotel hoteru
hübsch utsukushii
Hügel oka; saka
Hütte koya
Hummer ebi
Hund inu
Hurra! banzai
Hut bôshi

I

IYH yusu-hosuteru
ich (weibl.) ata(ku)shi
ihr (bes.) anata no
ihr (pers.) anata-tachi
im allgemeinen daitai ni
immer itsumo
Import yunyu
Industrie kôgyô; sangyô
Information shirase
Inhalt nakami
innen naka
Insekt mushi
Insel shima
Inseln shima-jima
insgesamt daitai ni
Interesse kyômi
international kokusai no
irgendein(e) nandemo
irgendetwas nanika
irgendwie nandaka

J

ja hai; ê
Jacke uwagi
Jahreszeit kisetsu
Jahrhundert seiki
Japan nippon
Japaner(in) nihon-jin
japanisch nihon-go; wa-
japanische Zither koto
Japanpapier washi
jede(r/s) kaku; mai-
jedoch keredomo
jemand dareka
jene(r/s) sono
jenes ano
jetzt tadaima; kon-do; ima
jüngerer Bruder otôto
jüngere Schwester imôto
Jugend(liche/r) seinen
jung wakai
Junge otoko no ko; bot-chan

K

Kabarett kyabarê
Kabine kyabin
Käfer mushi
Käse chiizu
Kaffee kôhii
Kai hatoba
Kaiser tennô
Kakerlake abura-mushi
kalt samui
Kamerad(in) nakama
Kartoffel imo; jagaimo
Kater (Kopfweh) futsuka-yoi
Katze neko
Käufer kai-te
kaufen kau,1
Kaufhaus depâto
Kellner uêtâ; uêtoresu
Keramik yaki-mono
Kiefer matsu
Kimonogürtel obi
Kind kodomo
Kindergarten yôchi-en
Kino eiga-kan
Kinofilm eiga
Kirche kyôkai
Kissen makura
Klang on; oto
Klebstoff nori
Kleid wanpiisu
Kleider fukusô
Kleidung kimono
klein chiisai
Klima kikô
Klimaanlage (air condition) ea-kon
Klingel beru
Klippe gake
Knie hiza
Knoblauch ninniku
Knochen hone
Knopf botan
kochen ryôri suru

können dekiru,2
Körper karada
Kohl kyabetsu
kommen kuru,1
Kommunismus kyôsanshugi
kompliziert fukuzatsu na
Konferenz kaigi
Konfuzianismus jukyô
Konsulat ryôji-kan
Kontakt aufnehmen renraku suru
Konversation kaiwa
Konzert on-gakkai
Kopf atama
kosten kakaru,1
kostenlos muryô (na)
Kotelett katsuretsu
Krabbe ebi
Kraft chikara
krank byô-ki
Krankenhaus byô-in
Krankenwagen kyûkyûsha
Kranker byô-nin
Kraut kusa
Krebs kani; *(Krankheit)* gan
Kreis en
Kreuzung kôsaten
Krieg sensô
Krieger bushi
Kuchen kashi
Küche dai-dokoro
Küchenchef itamae
kühl suzushii
Künstler geijutsu-ka
kürzlich chika-goro (na)
Küste kaigan
Kugel tama
Kugelschreiber bôrupen
Kuh ushi
Kultur bunka
Kunst bijutsu; geijutsu
Kunsthandwerk mingei-hin
Kurs (Wechsel-) rêto
kurz hikui; mijikai

L

LKW torakku
lachen warau,1
Lack urushi
Lackarbeiten shikki
Laden mise
ländl. Umgebung inaka
Länge take
Land koku; kuni; tochi
Landkarte chizu
Landschaft keshiki
Landwirtschaft nôgyô
lang (räumlich) nagai
langsam yukkuri
langweilig tsumaranai
Laubfärbung momiji
laufen hashiru,1
laut takai; urusai; hade (na)
leben sumu,1
Leben inochi; seikatsu
Leber kan-zô
lebhaft nigiyaka (na)
lecker oishii
Leder kawa
leer aita; kara (no)
legen oku
lehren oshieru,2
Lehrer sensei; kyôshi
leicht (Gewicht) karui
lernen manabu; narau,1
lesen yomu,1
letzte(r/s) saigo
Licht hi; hikari; *(elektr.)* dentô
Liebe(n) ai (suru)
Liebling koi-bito
Lied uta
linke Seite hidari-gawa
links hidari
Literatur bun-gaku
loben homeru,2
Loch ana
Löffel supûn
Lotus hasu
Lüge uso
lügen uso o tsuku
Luft kûki
Luftpost hikô-bin
Lunge hai
lustig yukai na
Luxus zeitaku

M

Mädchen onna no ko
männlich dansei(-teki)
Magen i
Mahlzeit shokuji
Makrele saba
Mal -bai

manchmal tama-ni
Mandarine mikan
Mann otoko
Markt ichiba
Maske men
Massage massâji
Material zairyô; kiji
Maus nezumi
Medikament kusuri
Meer umi
mehr motto
Mehrfahrtenkarte kaisû-ken
Meinung iken
Meister sensei
Mensch hito
Messer naifu
Meter mêtoru
Metropole shufu
Milch (Kuh-) gyû-nyû
mild yawarakai
Minute fun
Mitbringsel o-miage
mitfahren noru
Mittag hiru
Mittagessen hiru go-han
Mitte man-naka
Missverständnis gokai
Möbel kagu
mögen suki desu
Möglichkeit kanôsei
Moment bitte! chotto
Monat getsu; gatsu; tsuki
Mond tsuki
morgen asu; ashita
Morgen asa
Moskito ka
Moskitonetz ka-ya
Motorrad ôtobai
Mühe sewa (o)
Mund kuchi
Muschel kai
Museum hakubutsukan
Musik on-gaku
Muster mihon
Mutter haha *(eigene)*; o-kâ-san

N

Nachbar tonari
Nachmittag go-go
Nachricht dengon
Nachspeise dezâto
Nacht yoru
Nadel hari
nächste(r/s) tsugi no
nähen nuu,1
nämlich tsumari
nahe chikai
Name namae (o-)
Namensstempel hanko
Nase hana
Nasenbluten hana-ji
national kokuritsu
Nationalhymne (jap.) kimigayo
natürlich mochiron; shizen-ni
Natur shizen
nass werden nureru,2
Nebel kasumi; kiri
nehmen toru,1; chôdai suru; morau,1
nein iie
Nerven shin-kei
nett ii
nettes Kind ii-ko
neu atarashii
neu- shin-; shim-
nicht im geringsten chitto mo
nie kesshite
niedlich kawaii
niedrig hikui
Niere jin-zô
noch mada
Norden kita
normal futsû-ni
Nummer ban(go)
nun de wa; soshite; ja
nur dake; tada
nutzlos dame na

O

oben ue ni
Obst kuda-mono
obwohl de mo; datte
oder mata wa; sore-tomo
oder aber aruiwa
öffnen akeru,2
offen sein aku,1
oft yoku; tabi-tabi
Ohr mimi
okay daijôbu; yoshi
Oma obâ(-san)
Omelett omuretsu
Onkel oji(-san)
Organisation dantai
Ort basho; tokoro

Osten higashi

P

Paket kozutsumi
Papier kami
Papierlaterne chôchin
Park kô-en
Party zum Jahresende bônen-kai
passen au,1
Patient kanjo
Paukschule juku
Pazifik taiheiyô
Pelz kegawa
Pension, jap. minshuku
Perle shinju
Person kata
Pfeffer koshô
Pferd uma
Pfirsich momo
Pflanzen shokubutsu
Pflaume ume
Pflicht gimu; giri
Pfui! iya da
Pilz kinoko
Pinsel fude
Plattform noriba
Platz basho; hiroba
plötzlich kyû (ni)
Politik seiji
Polizeistation keisatsu
Portemonnaie saifu
Porzellan tôki
Post yûbin
Postamt yûbin kyoku
Postbeamter yûbin ya
Postkarte hagaki
Preis nedan
Problem mondai
produzieren seisan suru
Prost kampai
prüfen shiraberu,2
Prüfung shiken
Public Relations, PR senden
Puppe ningyô

Q & R

Qualität shitsu
Quelle (heiß) onsen
Quittung uke-tori; ryo-shû-sho
Radio rajio
Räuber dorobô
Rahmen fuchi
Rang dan
Rasierapparat kamisori
Rat chûi
Ratte nezumi
Rauchverbot kin'en
rauh arai
Raum heya; basho
Rechnung kanjô
rechte Seite migi-gawa
rechts migi
Regal tana
Regen ame
Regenbekleidung ama-gu
Regenschirm kasa
Regierung seifu
Region chiki
reinigen sôji suru
Reis, gebraten (chin.) châhan
Reis (gekocht) go-han
Reis, ungekocht kome
Reise(büro) ryokô(-sha)
Reisebüro, Jap. (JTB) kôtsukô-sha
reisen ryokô suru
Reisepass pasupôto
Reisfeld ta
Reisfeld (trocken) tambo
Reiskuchen mochi
Reiswein sake
Reklame senden
Religion shûkyô
rennen hashiru,1
reparieren naosu,1
Reparatur shûzen
Reservierung yoyaku; môshi-komi
Restaurant resutoran
Rezeption chô-ba
richtig chanto
Richtung hô; hôko
Rind(fleisch) gyû (niku)
Rock (Damen-) sukâto
Rollbild kake-jiku
Rolltreppe esukarêtâ
rosa pinku no
Rose bara
rot akai
Rücken senaka
Rückseite ato; ura
rufen yobu,1
ruhig shizuka na; otonashii
ruinieren dame ni suru

rund marui

S

S-Bahn densha
Sache koto
Säugling aka-chan
Saft jûsu
sagen iu,1
sagenhaft sugoi
Salz shio
salzig shioppai
sammeln atsumeru,2
Samurai bushi
Sand suna
sanft yawarakai; yasashii
Schachtel hako
schade zannen (na)
Schale chawan
Schatten kage
Schauspiel geki
Scheck kogitte
Scheidung rikon
Schere hasami
Schiff fune
Schildkröte kame
Schinken hamu
Schlaf nemuri
schlafen nemuru,1
schlagen utsu,1
Schlange hebi
schlank hosoi
schlecht warui; heta (na)
schließen shimau,1; shimeru,2
schlimm hidoi
Schloss shiro
Schlüssel kagi
schmal semai
schmerzhaft itai
schmutzig kitanai
schmutzig machen yogoreru,2
Schnee yuki
schneiden kiru,2
schnell hayai
schön utsukushii; kirei (na)
schon sude ni; mô
Schoß hiza
schrecklich mono-sugoi
schreiben kaku,1
Schreibmaschine taipuraitâ
schreien nakigoe
Schriftsteller sakka
Schüler gaku-sei
Schuh kutsu
Schulden shak-kin
Schule gakkô
Schulter kata
schwach yowai
schwarz kuroi
Schwein(efleisch) buta(-niku)
Schweiz suisu
schwer (Gewicht) omoi
Schwert katana
schwierig muzakashii; taihen (na)
schwimmen oyogu,1
schwül (warm) mushi-atsui
See mizu'umi
Seeigel uni
Seekrankheit funa-yoi
Seele kokoro; tamashii
Seepost funa-bin
sehen miru,2
Sehnsucht nozomi
sehr daibu; totemo; dômo
Seide kinu
Seife sekken
Seil mawa
sein (Verb) iru,2 (Menschen); aru (Sachen)
Sekte shûha
Sekunde byô
selbe, der, die onaji
selbst jubun
selten mezurashi
seltsam hen (na)
separat betsu no
Service sâbisu
servieren dasu,1
Sesam goma
setzen, sich suwaru,1
Shintoschrein jingu; jinja
sich irren machigaeru,2
sich schämen hazukashii
sicher anzen (na)
sicher, o.k. daijôbu
Silber gin
singen utau,1
Situation jôtai
Sitz basho
Sitzplatz seki
sofort sugo ni
Sohn musuko
Sojabohnenpaste miso
Sojasauce shôyu
solch ein anna

Soldat gunjin
Sommer natsu
Sohn bot-chan
Sonne hi; taiyô
Sonnenschein nikkô
Sorte shurui
sozusagen iwaba
spät osoi
später ato ni
sparen setsuyaku suru
spazieren sampo suru
Speck bêkon
Speisesaal shokudo
spezial toku-betsu no
Spiegel kagami
spielen asobu,1
Spielzeug omocha
Spitze saki
Sport supôtsu; undô
Sprache kotoba, -go
sprechen hanasu,1
Sprichwörter kotowaza
Spritze chûsha
staatlich kokuritsu
Stadt shi; machi
Stange bô
starten deru,2
Staub chiri
Steak sutêki
stellen oku,1
sterben shinu,1
Stern hoshi
Steuer zeikin
steuerfrei men-zei
Stimme koe
Stimmung kibun
stinkend kusai
Stock bô
Stock(werk) -kai
störend urusai
Störung jama
Stolz hokori
stolz sein auf hokori to suru
Stop! sutoppu
Strand kaigan; hama
Straße michi
Straßenbahn shi-den
Streichholz matchi
streiten, sich kenka suru
Student gaku-sei
studieren benkyô suru
Studium benkyô
Stuhl isu
Stunde jikan
Sturm arashi
suchen sagasu,1; tazuneru,2
Süden minami
Südosten nan-tô
Südwesten nan-sei
süß amai
Süßigkeit o-kashi
Summe gôkei
Suppe sûpu
Sympathie dôjô

T

täglich mai-nichi
Tag hi
Tagebuch nikki
Taifun taifû
Tal tani
Tante oba
tanzen odoru,1
Tasche bukuro
Tasse koppu
Tatsache koto
Taube hato
tauchen moguru,1
Taxi takushii
Taxometer mêtâ
Team chiimu
Tee cha
Tee *(grün)* ô-cha; *(schwarz)* kôcha
Teekult cha-no-yu
Teezeremonie sadô; cha-do
Teich ike
Teil bu(bun)
teilen wakeru,2
Telefon denwa
Telefon, öffentl. kôshû-denwa
Telegramm dempô
Teller sara
Tempel o-tera
Tempelfest matsuri
teuer takai
Theater geki-jô
Thunfisch maguro
tief (Tiefe) fukai(sa)
Tier dôbutsu
Tierfedern ke
Tierhaar ke
Tierwolle ke
Tintenfisch ika
Tisch têburu
Tisch, japanisch tsukue
Tochter musume

töten korosu,1
Toilette benjo; o-te-arai
Toilettenpapier chiri-gami
Ton oto
Tor mon
Tourismus kankô
Tourist kankô-kyaku
Tradition dentô
traditionell dentô-teki
tragen hakobu,1; motsu,1
tragen (Kleidung) haku,1; kiru,2
Training kunren; renshû
Tramper hichihaikâ
Traum yume
traurig kanashii
treffen au,1; menkai suru
trennen, sich hanareru,2
Treppe kaidan
trinken nomu,1; chôdai suru
trinken (höfl.) itadaku,1
Trinkgeld chippu
trocknen kawaku,1
Tür doa
tun, geben yaru,1
tun, machen suru
Turm tawa

U

U-Bahn chika-tetsu
USA bei-koku
Überlandstraße kokudô
übermorgen asatte
übernachten tomaru,1
überqueren wataru,1
übrig bleiben nokoru,1
übrigens nao; tokoro-de
Uhr (Armband-) tokei
umgekehrt hantai
Umschlag futô
umsonst tada no
Umstand baai
umsteigen nori-kaeru,1
Umweltverschmutzung kôgai
unangenehm iya
unbedingt dôshite mo
unbesetzt aita
unbesetzt sein aku,1
und soshite; ya; sore-kara; shi
Unfall jiko
ungeschickt heta na
ungünstig fu-ben na
Unhöflichkeit shitsurei
Universität dai-gaku
unmittelbar chikai
unmöglich muri (na)
unnötig muda (na); ira-nai
unsicher fuan (na)
unten; unter shita
Untergeschoss chika
Untergrund chika
unterhaltsam omoshiroi
Unterhaltung kaiwa
Unternehmen jitsu-gyô
Unterschrift shomei
unterwegs tochû de
Unwetter arashi
Urlaub kyûka
Ursache riyû
usw. nado

V

Vater o-tô-san; (eig.) chichi
vegetarisch sai-shoku-shugí
Ventilator sempû-ki
Verantwortung sekinin
verbieten kinshi suru; kinjiraru,1
verbinden awaseru,2
verderben dame ni suru
vergessen wasureru,2
Vergnügen goraku
Verkäufer(in) ten-in; urite
verkaufen ureru; uru,1
Verkehr kôtsu
verlegen sein komaru,1
verleihen kasu,1
verletzen, sich kega suru
Verletzung kega
verlieren makeru,2
verlöschen kieru,2
verloren gehen nakunaru,1
vermuten omou,1
Verpflichtung sekinin
verschicken okuru,1
verschieben enki suru
verschieden betsu no; iroiro no

verschiffen shukka suru
Versicherung hoken
verspäten, sich okureru,2
verspätet osoi
Versprechen (machen) yaku-soku (suru)
verstehen wakaru
verstopft (Verkehr) jûtai
Verwaltung gyôsei
Verzehrbon shokken
viel takusan no
viele ôi
vielleicht tabun; osoraku; aruiwa
violett murasaki
Visitenkarte meishi
Vogel tori
voll yoku; man'in
vor (örtl.) mae-ni
Vorbereitung jumbi
Vorderseite mae; saki
vorgestern ototoi
Vormittag go-zen
vorn saki
Vororte kôgai
Vorsicht chûi; yôjin
vorstellen shôkai suru
Vulkan kazan

W

wachsen fueru,2
wählen erabu
während nagara
Wäsche sentaku
Wagen kuruma
wahrscheinlich rashi
Wald mori
Wand kabe
Wandel henka
Wandern haikingu
wann itsu
Ware shôhin
warm atatakai
Warmherzigkeit ninjô
warnen chûi suru
warten matsu
warum? dôshite; naze
was nani
was? e
was für ein donna
waschen arau,1
waschen sentaku suru
Waschraum benjo
Wasser mizu
Wasser o-yu *(heiß)*; o-mizu *(kalt)*
Wasserfall taki
Wassermelone suika
wechseln kawaru,1
Weg michi
wegwerfen suteru,2
weiblich josei-teki
weich yawarakai
Weihrauch kô
Wein budô-shu
weinen nakigoe
weit hiroi; tôi
weiß shiroi
welche dô
welche(r/s) dotchi; dore; dono
welcher dochira
Welle nami
Welt sekai
wenig (ein wenig) sukoshi
wenig(e) sukunai
wer dare
wer (höfl.) donata
Werbung senden
werden naru,1
Werft hatoba
Werkzeug dôgu
Wertsachen kichôhin
wertvoll daiji na
weshalb? naze
Westen nishi
Westen, der seiyô
westlich yô-
Wetter tenki(o-)
Whisky uisukii
wichtig taisetsu na; daiji na; jûyô na
wie dô
wie alt? ikutsu
wie das anna
wie steht's? ikaga
wie teuer? ikura
wie viel? ikura
wie viele? ikutsu
wie wär's? ikaga
wieder mata
wiederholen kurikaesu,1
willkommen! yôkoso; irasshai (mase)
Wind kaze
Winter fuyu
winzig komakai
wirklich hontô no; dômo
Wirklichkeit genjitsu
Wirkung eikyô

Wirtschaft keizai
wissen (höfl.) zonjiru,2
Witz jôdan
wo doko
Woche shûkan
Wörterbuch jibiki; jisho; jiten
wohin dochira
Wohnblock danchi
Wohnung taku
Wolke kumo
wolkig kumori
Wort tango; kotoba
wünschen negau,1; hoshii
würzen chômiryo suru
wund itai
wunderbar suteki na; subarashii
Wunsch nozomi
Wurm mushi

Y & Z

Yam imo
Yen en
z. B. tatoeba
Zahl kazu
zahlen shi-harau,1
Zahn(arzt) ha(-isha)
zart yawarakai
zeigen annai suru
Zeit jikan; toki
Zeitlang, eine shibaraku
Zeitschrift zasshi
Zeitung shimbun
Zentrale hon-ten
Zentrum chûshin
Zeremonie shiki
ziehen hiku,1
ziemlich daibu; amari; zuibun
Zierkarpfen koi
Zierkirschbaum sakura
Zigarette tabako
Zimmer heya
Zivilisation bunka
zögern enryo suru
Zoll zeikan
Zoo dôbutsu-en
zu Bett gehen neru,2
zu Fuß gehen aruku,1
zu viel amari
Zucker satô
zudem nao
Zufall / zufällig guzen / gûzen-no
zufriedenstellend yoroshii
Zug kisha
Zug (elektr.) densha
Zukunft shôrai; mirai
Zuneigung aijô
Zunge shita
zurückgeben kaesu,1
zurückhaltend otonashii
zurückkehren modoru,1; kaeru
zusätzlich sara ni
zusammen issho ni
zusammenkommen atsumaru,1
Zustand jôtai
zustimmen sansei suru
Zustimmung shônin
Zweck mokuteki
zwei Personen futari
Zwiebel negi
Zwischenfall jiken

Wortliste Japanisch – Deutsch

A

abunai gefährlich
abura Fett; Öl
abura mushi Kakerlake
achi-kochi hier und dort(hin)
achira dorthin
agaru,1 aufstehen; -steigen
ageru,2 geben; heben; braten
ai Liebe
aida während; zwischen
aijô Zuneigung
aisatsu (go-) Gruß
aisukurimu Eiskrem
aite (iru) frei; leer; unbesetzt (sein)
aji Geschmack
Ajia Asien
aji-no-moto Glutamat (zugl. Markenname)
akai rot
akambô Baby
akarui hell
akeru,2 öffnen
aki Herbst
akirameru,2 aufgeben; verzichten
aku,1 offen, unbesetzt sein
ama-gu Regenbekleidung
amai süß
amari ziemlich; zu viel
ame Regen
amerika-jin Amerikaner/in
ana Loch
anata du; Sie
anata-no dein; Ihr (bes.)
anata-tachi ihr (Mz.)
ane ältere Schwester
ani älterer Bruder
anna solch ein; wie das
annai suru führen; zeigen
annai-jo Auskunft
ano das; jenes
anshin suru erleichtert sein; entspannt sein
anzen (na) sicher
aoi blau; grün
ao-zora blauer Himmel
arai rauh
arashi Sturm; Unwetter
arau,1 waschen
are das
ari Ameise
arigatô Dank(e)
aru,1 es gibt; sein (Sachen)
aruiwa oder aber; vielleicht
aruku,1 zu Fuß gehen
asa Morgen
asa-(go)-han Frühstück
asatte übermorgen
ashi Bein; Fuß
ashita morgen
asobu,1 spielen
asoko dort
asu morgen
ata(ku)shi ich (weibl.)
atama Kopf
atarashii neu
atatakai warm
ato Rückseite
ato de hinter
ato ni später
atsui dick; heiß
atsumaru,1 zusammenkommen
atsumeru,2 sammeln
au,1 passen; treffen
awaseru,2 verbinden
azukeru,2 anvertrauen; deponieren

B

ba'ai Fall; Gelegenheit; Umstand
bai doppelt
-bai Mal, -fach
baikingu Büffet (v. „Viking“)
baka (na) dumm
bakari bloß; etwa
ban Abend; Nummer
banchi Hausnummer
bango Nummer
banzai! Hurra!
bara Rose
basho Ort; Platz; Raum; Sitz
basu Bus

bata Butter
bei-koku USA
bêkon Speck
benjo Toilette; Waschraum
benkyô Studium
benkyô suru studieren
benri (na) günstig
beru Klingel
betsu-no separat; verschieden
betto Bett (Jugendherberge)
bifuteki Beefsteak
biiru Bier
bijutsu Kunst
bijutsu-kan Galerie
bikkuri suru erstaunt sein
bimbô (na) Armut (arm)
bin Flasche
bô Stock; Stange
bochi Friedhof
bôeki Handel
boku ich (unter Männern)
bônen-kai Party zum Jahresende
bonsai Zwergbaum (im Topf)
bôrupen Kugelschreiber
bôsan(o-) buddh.Mönch
bôshi Hut
botan Knopf
bot-chan Junge; Sohn
bôzu buddh. Mönch
bu(bun) Teil
bu-chô Abteilungschef
budô-shu Wein
buk-kyô Buddhismus
bukuro Tasche
bumpô Grammatik
bun-gaku Literatur
bunka Kultur; Zivilisation
burausu Bluse
bushi Krieger, Samurai
buta(-niku) Schwein(efleisch)
byô Sekunde
byô-in Krankenhaus
byô-ki krank
byô-nin Kranker

C

cha Tee
cha-do Teezeremonie
châhan gebratener Reis (chin.)
cha-iro (na) braun
cha-no-yu Teekult
chanto genau; richtig
chawan Schale
chi Blut
chichi Vater (eigener)
chigau,1 anders sein; falsch sein
chihô Gegend
chiimu Team
chiisai klein
chiizu Käse
chika Untergeschoß; Untergrund
chika-goro (na) kürzlich
chikai dicht; nahe; unmittelbar
chika-michi Abkürzung
chika-tetsu U-Bahn
chikara Kraft
chiki Region
chikyû Erde; Globus
chippu Trinkgeld
chiri Staub
chiri-gami Toilettenpapier
chiryô suru behandeln
chitto mo nicht im geringsten
chizu Landkarte
chô Darm
chô-ba Rezeption
chôchin Papierlaterne
chôdai suru (an)nehmen;empfangen; essen; trinken
chôdo genau
chôjô Gipfel
chokin Ersparnisse
chômiryô Gewürze
chôsa suru erkundigen
chôten Höhepunkt
chotto Moment bitte!; bißchen
chû-goku China
chûi Rat; Vorsicht
chûi suru aufpassen; warnen
chûko-hin Gebrauchtware (second hand)
chûmon Bestellung
chûsha(-ki) Spritze
chûshin Zentrum

D

da sein (Verb)
daburu doppelt
dai- groß
daibu sehr; ziemlich; ganz
dai-dokoro Küche
dai-gaku Universität
dai-ichi ni erstens
daiji (na) ernst; wertvoll; wichtig
daijôbu okay; sicher
daitai ni im allgemeinen; insgesamt
da-kara deshalb; deswegen
dake nur
damasu,1 betrügen
dame (na) nutzlos
dame ni suru ruinieren; verderben
dan Grad; Rang
danchi Wohnblock
dandan to allmählich
dansei(-teki) männlich
dantai Organisation
dare wer
dareka jemand
dasu,1 (her)ausgeben, servieren
dâsu Dutzend
datte aber; obwohl
de-guchi Ausgang
dekakeru,2 ausgehen; hinausgehen
dekiru,2 können
demae Essenslieferung
de mo aber; obwohl
demo Demonstration
demokurashii Demokratie
dempô Telegramm
denchi Batterie
dengon Nachricht
denki Elektrizität
denki-no elektrisch
denkyû Glühbirne
densha S-Bahn; Zug
dentô Licht, elektrisch
dentô(-teki) Tradition(ell)
denwa(-bangô) Telefon(nummer)
depâto Kaufhaus
deru,2 erscheinen; herauskommen; starten
desu sein (Verb)
de wa dann; nun
dezâto Nachspeise
dô welche; wie
doa Tür
dôbutsu Tier
dôbutsu-en Zoo
dochira welcher; wohin
dôgu Werkzeug
doitsu Deutschland
doitsu-go deutsche Sprache
doitsu-jin Deutsche(r)
dôjô Sympathie
doko wo
dômo ganz; sehr; wirklich
donata wer (höflich)
donna was für ein
dono/dore welche(r/s)
dono gurai etwa wie viel/weit/teuer...
dorobô Dieb; Räuber
dôru Dollar
dôshite warum?
dôshite mo unbedingt
dotchi welche(r/s)
dôzo bitte

E

e Gemälde; was?
ê ja
ea-kon Klimaanlage (air condition)
ebi Kummer; Krabbe
e-hagaki Ansichtskarte
eiga Kinofilm
eiga-kan Kino
ei-go englisch
ei-koku England
eikyô Einfluß; Wirkung
eizu AIDS
eki Bahnhof
eki-ben(tô) Bahnhofs-Lunchbox
empitsu Bleistift
en Kreis; Yen
enerugii Energie
enki suru verschieben
enryo suru zögern
erabu,1 bevorzugen; wählen
erebêtâ Fahrstuhl
esukarêtâ Rolltreppe
êzu AIDS

F

firumu Film (Foto)
fôku Gabel
fuan Angst
fuan (na) unsicher
fu-ben (na) ungünstig
fuchi Rahmen
fude Pinsel
fueru,2 wachsen; größer werden
fufu Ehepaar
fujin Frau
Fuji-san Fujiyama (Berg)
fukai(-sa) tief/Tiefe
fukuro Tasche
fukusô Kleider
fukuzatsu (na) kompliziert
fun Minute
funa-bin Seepost
funa-yoi Seekrankheit
fune Schiff
furansu Frankreich
furansu-go Französisch
furasshi-raitu Blitzlicht
furo ni hairu baden
furo(o-) Bad
furu,1 fallen (Regen)
furui alt; antik
furusato Heimat
futari zwei Personen
futari-beya Doppelzimmer
futo Umschlag
futoi dick; groß
futon Bettzeug
futsû ni normal
futsuka-yoi Kater (Kopfweh)
fuyu Winter

G

gaijin Ausländer
gaikoku Ausland
gake Klippe
gakkô Schule
gaku-sei Schüler; Student
gaman suru aushalten, ertragen
gambaru durchhalten; sich anstrengen
gan Krebs (Krankheit)
garasu Glas
gasorin Benzin
gasorin sutando Tankstelle
gasu Gas
gatsu Monat
geijutsu(-ka) Kunst, (Künstler)
geki Schauspiel
geki-jô Theater
gendai Gegenwart
genjitsu Wirklichkeit
genki (na) gesund
genkin Bargeld
genzô Entwicklung (Film)
geri Durchfall
geta Holzsandalen
getsu Monat
gimon Frage
gimon o motsu bezweifeln
gimu Pflicht
gin Silber
ginkô Bank
giri Verpflichtung
gocha-gocha Durcheinander
go-go Nachmittag
go-han Reis (gekocht)
gokai Missverständnis
gôkei Summe
gokiburi Kakerlake
goma Sesam
gomen Entschuldigung
gomi Abfall
goraku Vergnügen
goro etwa
go-zen Vormittag
guai Bedingung
gun(jin) Armee(soldat)
gûzen Zufall
gûzen (na) zufällig
gyaku Gegenteil
gyôgi Betragen
gyôsei Verwaltung
gyû(-niku) Rind(fleisch)
gyû-nyû (Kuh-)Milch

H

ha Zahn; Blatt
hachi-mitsu Bienenhonig
hade (na) fröhlich; laut
hae Fliege
hagaki Postkarte

haha (eigene) Mutter
hai Lunge; ja
haikingu wandern
hairu,1 betreten
ha-isha Zahnarzt
hai-zara Aschenbecher
hajimaru,1 anfangen; es fängt an
hajimeru,2 (etwas) beginnen
hajimete erstmals
hakkiri to bestimmt
hako Schachtel
hakobu,1 befördern; tragen
haku,1 tragen (Kleidung)
hakubutsukan Museum
hama Strand
hambun Hälfte
hamu Schinken
han- halb-
hana Blume; Nase
hana-bi Feuerwerk
hana-ji Nasenbluten
hanareru,2 entfernen; sich trennen
hanashi Gespräch; Geschichte
hanasu,1 erzählen; sprechen
han-bun Hälfte
hanko Namensstempel
hantai gegenteilig; umgekehrt
hantô Halbinsel
happa Blatt
hara(-kiri) Bauch (aufschlitzen)
harau,1 bezahlen
hare schönes, klares Wetter
hari Nadel
haru(-maki) Frühling(srolle)
hasami Schere
hashí Brücke; Essstäbchen
hashiru,1 fahren; laufen; rennen
hassha suru abfahren (Zug)
hasu Lotus
hata Fahne
hatake Feld (trocken)
hataraku,1 arbeiten
hato Taube
hatoba Kai; Werft
hatsu-on Aussprache
hattatsu Entwicklung
hayai früh; schnell
hazukashii verlegen; scheu; verschämt
hebi Schlange
heiwa Frieden
hen (na) seltsam
henji Antwort
henji o suru antworten
henka Wechsel; Wandel
heta (na) schlecht; ungeschickt
heya Raum; Zimmer
hi Feuer; Licht; Sonne; Tag
hichihaikâ Tramper
hidari links
hidari-gawa linke Seite
hidoi grausam; schlimm
hifu Haut
higashi Osten
hikari Licht
hikô-bin Luftpost
hikôki Flugzeug
hiku,1 ziehen
hikui kurz; niedrig
hima Freizeit
himo Faden
hiroba Platz
hiroi breit; weit
hiru (o-) Mittag
hiru-go-han Mittagessen
hito Mensch
hitori allein
hiza Knie; Schoß
hizuke Datum
hô(-ko) Richtung
hobô hier und da
hodo (nachgestellt) etwa
hoka (na) andere(r,s)
hoken Versicherung
hokori Stolz
hokori to suru stolz sein auf
homeru,2 bewundern; loben
hon Buch
hon-dana Bücherregal
hone Knochen
hon-mono echt
hon-ten Zentrale
hontô(-no) wirklich
hon-ya Buchladen
hora was ist das!
hôritsu Gesetz
hoshi Stern

hoshii desu wünschen
hosoi dünn; schlank
hoteru Hotel
hotondo fast
hyaku-shô Bauer

I

i Magen
ichiba Markt
ichido einmal
ie Haus
igirisu England
ii gut; nett
iie nein
ii-ko nettes Kind
ika Tintenfisch
ikaga wie wär's/steht's?
ike Teich
ike-bana Blumensteckkunst
iken Meinung
iku,1 fahren; gehen
ikura wie teuer?; wie viel?
ikutsu wie alt?; wie viele?
ima jetzt
imi Bedeutung
imin-kyoku Einwanderungsbehörde
imo Kartoffel; Yam
imôto jüng. Schwester
inaka ländl. Umgebung
inochi Leben
inshô Eindruck
inu Hund
iranai unnötig
irasshai (mase) Willkommen
iri-guchi Eingang
iro Farbe
iroiro (na) verschieden
iru,1 benötigen; brauchen
iru,2 bleiben; sein (Verb)
isha Arzt
isogu,1 beeilen
issho-ni gemeinsam; zusammen
isu Stuhl
itadaku,1 annehmen; essen; trinken
itai schmerzhaft, wund
itamae Küchenchef
ito Faden
itoko Cousin(e)
itsu wann
itsumo immer
it-tô erste Klasse
iu,1 sagen
iwa Felsen
iwaba sozusagen
iya unangenehm; abscheulich
iya da Pfui!

J

ja nun
jagaimo Kartoffel
jama Störung
jibiki Wörterbuch
jibun selbst
jidai Zeitraum; Ära
jidô automatisch
jidôsha Auto
jikan Stunde; Zeit
jikan-hyô Fahrplan
jiken Ereignis; Zwischenfall
jiko Unfall
jimusho Büro; Amt
jingu / jinja Shintoschrein
jinkô Bevölkerung
jishin Erdbeben
jisho Wörterbuch
jiten Wörterbuch
ji-ten-sha Fahrrad
jitsugyô Unternehmen
jiyû Freiheit
jôdan Witz
josei-teki weiblich
jôtai Bedingung; Situation; Zustand
jôzu (na) geschickt
jûbun (na genug, genügend
juku Paukschule
jukyô Konfuzianismus
jumbi Vorbereitung
junkyû Eilzug
jûsho Adresse
jûsu Saft
jûtai verstopft (Verkehr)
jûyô (na) wichtig

K

ka Fragepartikel; Moskito
kabe Wand (Haus-/Zimmer-)

kado Ecke
kaeru,1 zurückkehren
kaeru, 2 ändern
kaesu,1 zurückgeben
kagami Spiegel
kage Schatten
kagi Schlüssel
kagu Möbel
kai Muschel
-kai Stock(werk)
kaidan Treppe
kaigan Küste; Strand
kaigi Konferenz
kaijo Eröffnung
kaisha Firma
kaisû-ken Mehrfahrtenkarte
kai-te / kai-mono Käufer / Einkauf
kaiwa Unterhaltung; Konversation
kaji Feuer (unbeabsichtigt)
kakaru,1 dauern; kosten
kake-jiku Rollbild
kaku jede(r/s)
kaku,1 schreiben
kamai-masen macht nichts
kame Schildkröte
kamera Fotoapparat
kami Haar; Papier
kami-sama Gott
kaminari Donner
kamisori Rasierapparat
kampai Prost!
kan Dose
kanai Ehefrau (eigene)
kanashii traurig
kane (o-) Geld; Glocke
kangae Gedanke
kangaeru,2 denken
kani Krebs
kanjo Patient
kanjô Rechnung
kankei Beziehung; Bedeutung
kan-kiri Dosenöffner
kankô Tourismus
kankô-kyaku Tourist
kanôsei Möglichkeit
kantan (na) einfach; kurz
kao Gesicht
kara (no) leer
...kara von; seit; weil
karada Körper; eigene Gesundheit
karâ-firumu Film (Farb-)
karai gewürzt (scharf)
karashi Senf
karê(-raisu) Curry (-Reis)
kariru,2 ausleihen
karui leicht (Gewicht)
kasa Schirm (Regen-)
kashi Kuchen
kasu,1 verleihen
kasumi Dunst; Nebel
kata Person; Schulter
katachi Gestalt; Form
katai hart
katamichi-gippu Fahrkarte (einfach)
katana Schwert
katazukeru,2 aufräumen
katsudô Handlung; Bewegung; Aktivität
katsu(retsu) Kotelett
kau,1 kaufen
kawa Fluß; Haut; Leder
kawai niedlich; süß
kawai-sô bedauernswert; arm
kawaku,1 (nodo ga -) trocknen; (Durst haben)
kawaru,1 wechseln
kaya Moskitonetz
kazan Vulkan
kaze Wind
kaze o hiku sich erkälten
kazoku Familie
kazu Zahl
ke Tierhaar, -wolle, -federn
kechi (na) geizig
kega Verletzung
kega suru sich verletzen
kegawa Pelz
keisatsu Polizeistation
keizai Wirtschaft; Finanzen
kekka Ergebnis; Wirkung
kekkon Heirat
kekkon suru heiraten
kenbutsu Besichtigung
kenka suru sich streiten
kenkô Gesundheit
kenkô (na) gesund
kenkyû Forschung
keredomo aber; jedoch
keshiki Aussicht; Landschaft

keshite nie
ki Geist; Gefühl; Vitalkraft
kibô suru hoffen
kibun Gefühl; Stimmung
kichôhin Wertsachen
kieru,2 verlöschen
kiiroi gelb
kiji Material
kikai Chance; Gelegenheit; Maschine; Instrument
kiken (na) Gefahr(lich)
kikô Klima
kiku,1 hören, zu-
kiku Chrysantheme
kimeru,2 entscheiden
kimigayo Nationalhymne (japanische)
kimochi Gefühl; Empfindung
kimono Kleidung
kimyô (na) eigenartig
kin Gold
kin'en Rauchverbot
kinen Andenken
kinjiraru,1 verbieten
kinô gestern
kinoko Pilz
kinshi suru verbieten
kinu Seide
kippu Fahrkarte
kirei (na) schön
kiri Nebel
kiru,2 tragen (Kleidung)
kiru,2 schneiden
kisetsu Jahreszeit
kisha Zug
kissa-ten Café (jap.)
kita Norden
kitanai schmutzig
kitte Briefmarke
kitto bestimmt
kiwamete äußerst
kô Weihrauch
kochira hier
kôcha Tee (schwarz)
kodomo Kind
koe Stimme
kôen Park
kôfuku (na) Glück; (glücklich)
kôgai Vororte Umweltverschmutzung
kogitte Scheck
kôgyô Ausstellung; Industrie
kôhii Kaffee
koi Liebe; Wunsch; (Zier-)Karpfen
koi-bito Liebling
kôjô Fabrik
kôkai Bedauern
koko hier
kokoro Geist; Herz; Seele
kokudô Überlandstraße
kokuritsu national; staatlich
kokusai (na) international
komakai winzig
komaru,1 verlegen sein
komban heute Abend
kome (o-) ungekochter Reis
kon-do jetzt
kono diese(r,s)
koppu Tasse
kore dies
kôri Eis
korosu,1 töten
kôsaten Kreuzung
koshitsu separates Zimmer
koshô Pfeffer
kôshû-denwa öffentl. Telefon
kotaeru,2 antworten
koto (Tat-)Sache; Angelegenheit
koto Harfe; Zither (jap.)
kotoba Sprache; Wort
kotowaza Sprichwörter
kôtsu Verkehr
kôtsû-kôsha Japanisch. Reisebüro (JTB)
kottôhin Antiquität
kowai ängstlich; furchterregend
kowasu,1 brechen
koya Hütte
kozutsumi Paket
kubi Hals
kuchi Mund
kuda-mono Obst
kudaru,1 heruntergehen/-fahren
kudasaru,1 geben (höfl.)
kûki Luft
kûko Flughafen
kuma Bär
kumo(-ri) Wolke, (bewölkt)
kuni Land

kunren Training
kurai dunkel
kurikaesu,1 wiederholen
kuroi schwarz
kuru,1 kommen
kuruma Wagen
kusa Gras; Kraut
kusai stinkend
kusuri Medikament
kusuri-ya Apotheke
kutsu(-shita) Schuh (Socken)
kuyakusho Bezirksamt
kyabarê Kabarett
kyabetsu Kohl
kyabin Kabine
kyaku (o-) Gast
kyô heute
kyôdai Geschwister
kyôiku Erziehung
kyoka Erlaubnis
kyôkai Kirche
kyoku Amt; Büro
kyokutô ferner Osten
kyômi (ga aru) Interesse (haben)
kyôshi Lehrer
kyû (ni) plötzlich; dringend; steil
kyûji Bedienung
kyûka Ferien; Urlaub
kyûkô Expresszug
kyûkyûsha Krankenwagen
kyûri Gurken

M

machi Stadt
machigaeru,2 sich irren
mada noch
made bis
mado Fenster
mae Vorderseite
mae-ni vor (örtl.)
magaru,1 abbiegen
maguro Thunfisch
mai- jede(r/s-)
mai-nichi täglich
mairi-masu gehen (höfl.)
makura Kissen
makeru,2 verlieren
mame Bohnen; Erbsen
mamonaku bald
man'in voll
man-naka Mitte
manabu lernen
marui rund
maruku DM
massâji Massage
massugu geradeaus
mata wieder
mata wa oder
matchi Streichholz
matsu Kiefer
matsu,1 warten
matsuri Tempelfest
me-gane Brille
meishi Visitenkarte
men Maske
menkai Treffen; Interview
men-zei steuerfrei
mêtâ Taxometer
mêtoru Meter
mezurashi selten
michi Straße; Weg
midori grün
migi rechts
migi-gawa rechte Seite
mihon Muster
mijikai kurz
mikan Mandarine
mimi Ohr
minami Süden
minato Hafen
mine Gipfel
mingei-hin Kunsthandwerk
minna alle
minshuku Pension (jap.)
minshushugi Demokratie
mirai Zukunft
miru,2 sehen
mise Laden
miseru,2 ausstellen
miso Sojabohnenpaste
mitsukeru,2 finden
mizu Wasser (kalt)
mizu-umi See
mo auch
mô bald; schon
mochi Reiskuchen
mochiron natürlich
modoru,1 zurückkehren
moeru,2 brennen
moguru,1 tauchen
moku-han(ga) Holzschnitt
mokuteki Zweck; Ziel
momiji Ahorn; Laubfärbung

momo Pfirsich
mon Tor
mondai Problem; Frage
mono Ding; Zeug
mono-sugoi schrecklich
morau,1 bekommen; nehmen
mori Wald
moshi falls
môshi-komi Antrag; Angebot; Reservierung
moshi-moshi hallo! (Telefon)
môshi-wake Entschuldigung
motsu,1 tragen
motto mehr
mottomo extrem
moyashi Bohnensprossen
muda (na) unnötig
mugi Getreide
mukai gegenüber
mukô drüben
mune Brust
mura Dorf
murasaki violett
muri (na) unmöglich; unvernünftig
muryô (na) kostenlos
mushi Insekt; Käfer; Wurm
mushi-atsui schwül(warm)
musuko Sohn
musume Tochter
muzukashii schwierig

N

na Name
nado usw.
nagai lang (räuml.)
nagame Aussicht
nagara während
nagareru,2 fließen
naifu Messer
naka innen
nakama Gefährte; Kamerad(in)
nakami Inhalt
nakigoe Schreien; Weinen
nakunaru,1 verloren gehen
nami Brandung; Welle
nandaka irgendwie
nan-de-mo irgendein, -e
nani was
nanika etwas, irgend-
nan-sei Südwesten
nan-tô Südosten
nao zudem; und; übrigens
naosu,1 reparieren
narau,1 lernen
naru,1 werden
narubeku so...wie möglich
nashi Birne
nasu Aubergine
natsu Sommer
nawa Seil
naze warum?; weshalb?
nedan Preis
negau,1 bitten; wünschen
negi Zwiebel
neko Katze
nemuri Schlaf
nemuru,1 schlafen
neru,2 zu Bett gehen
netsu Fieber
nezumi Maus; Ratte
nezumi-iro grau
nigai bitter
nigiyaka (na) lebendig
nihon Japan
nihon-go Japanisch
nihon-jin Japaner(in)
nikki Tagebuch
nikkô Sonnenschein
niku Fleisch
ni-mono Essen, gekocht
nimotsu Gepäck
ningyô Puppe
ninjô menschliche Natur; Gefühl; Warmherzigkeit
ninki (na) beliebt
ninniku Knoblauch
nippon Japan
nishi Westen
ni-tô zweite Klasse
niwa Garten
noboru,1 auf-, besteigen
nodo Hals
nôgyô Landwirtschaft
nohara Ebene; Feld
nokoru,1 übrigbleiben
nomi-mono Getränk
nomu,1 trinken
nori Klebstoff
noriba Plattform; Haltestelle
nori-kaeru,1 umsteigen

noru,1 einsteigen; mitfahren
nozomi Wunsch; Sehnsucht; Erwartung
nureru,2 naß werden
nuu,1 nähen

O

o- Vorsilbe zur Hervorhebung
ô- Groß-
oba (-san) Tante
obâ (-san) Oma
obi Kimonogürtel
oboeru,2 erinnern, sich
o-cha Tee, grüner
ochiru,1 fallen
o-daiji ni Passen Sie gut auf sich auf
odoru,1 tanzen
odoroku,1 erstaunt sein
ôfuku Hin- und Rückfahrt
ôi viele
oishii lecker
oji (-san) Onkel
ojii (-san) Großvater
oka Hügel
o-kâ-san Mutter
o-kashi Süßigkeit
ôkii groß
okiru,2 aufstehen
ôki-sa Größe
okoru,1 geschehen; sich ärgern
oku,1 legen; stellen
okureru,2 sich verspäten
okuri-mono Geschenk
okuru,1 verschicken
oku-sama Ehefrau (höfl.)
oku-san Ehefrau (höfl.)
o-medetô gozaimasu herzlichen Glückwunsch
o-miage Mitbringsel
omocha Spielzeug
omoi schwer (Gewicht)
omoi-dasu,1 sich erinnern
omoshiroi unterhaltsam; interessant
omou,1 denken; glauben; vermuten
omuretsu Omelett
on Klang
onaji der (die, das)selbe
o-naka Bauch
o-nê-san ält. Schwester
ongaku(-kai) Musik (-Konzert)
o-nii-san ält. Bruder
onna Frau
onna-no-ko Mädchen
onsen heiße Quelle
oriru,2 aussteigen
oshieru,2 lehren
osoi spät; verspätet
osoraku wahrscheinlich; vielleicht
ôsutoriya Österreich
o-te-arai Toilette
o-tera Tempel
oto Klang; Geräusch; Ton
ôtobai Motorrad
otoko Mann
otoko-no-ko Junge
otonashii zurückhaltend; ruhig
otona Erwachsener
o-tô-san Vater
otôto Bruder, jüngerer
ototoi vorgestern
owaru,1 enden
oya Eltern
oyogu,1 schwimmen
o-yu Wasser, heiß

P & R

pan Brot
pasupôto Reisepass
pinku (na) rosa
purezento Geschenk
rajio Radio
raku bequem
rakugo Geschichten erzählen
rashi wahrscheinlich
rekishi Geschichte
renraku suru Kontakt aufnehmen
renshû Training
resutoran Restaurant
rêto (Wechsel-)Kurs
rikon Scheidung
ringo Apfel
rippa (na) ausgezeichnet
riyû Grund; Ursache
rusu (no) abwesend sein
ryo-gae (suru) Geld (wechseln)
ryô-hô (no) beide
ryôji-kan Konsulat

ryô-kin Gebühr
ryokô (suru) Reise, (reisen)
ryôri (suru) Essen (kochen)
ryôshin (go-) Eltern
ryo-shû-sho Quittung

S

saba Makrele
sabishii einsam
sâbisu Service
sadô Teezeremonie
sagasu,1 suchen
saifu Portemonnaie
saigo (no) letzte(r,s)
saigo ni endlich
saisho Anfang
saka Hügel
sakana Fisch
sake (o-) Reiswein
saki Vorderseite; vorn; Spitze
sakka Schriftsteller
sakura Kirschbaum, Zier-
sammyaku Gebirgszug
sampo (suru) Spaziergang (machen)
samui kalt
-san Frau-/Herr-; -berg
sangyô Industrie
sansei suru zustimmen
sara Teller
sara ni zusätzlich
saru Affe
sasu,1 hinweisen; zeigen
sato Dorf; Heimatstadt
satô (o-) Zucker
satori Erleuchtung
satsu Banknote
seifu Regierung
seiji Politik
seikaku Charakter
seikatsu Leben
seiki Jahrhundert
seinen Jugend(liche/r)
seisan suru produzieren
seiyô Westen, der
sekai Welt
seki Sitzplatz
sekinin Verantwortung; Verpflichtung
sekken Seife
semai schmal; eng
sempû-ki Ventilator
senaka Rücken
senden Werbung; Reklame; PR
sensei Lehrer; Meister
sensô Krieg
sensu Fächer
sentaku Wäsche
sentô Bad, öffentlich
seppuku Bauch aufschlitzen (rituell)
setsu Gelegenheit
setsumei Erklärung; Beschreibung
setsumei-shô Gebrauchsanweisung
setsuyaku suru sparen
sewa (o-) Sorge; Mühe; Hilfe; Gefallen
shakai Gesellschaft
shak-kin Schulden
shakuhachi Bambusflöte
shashin (o toru) Foto(grafieren)
shawâ Dusche
shi Gedicht; Stadt; und
shiawase Glück
shibaraku Zeitlang, eine
shichû Eintopf
shi-den Straßenbahn
shigoto (o-) Arbeit
shi-harau,1 zahlen
shikashi aber
shikata ga arimasen da kann man nichts machen
shiken Prüfung
shiki Zeremonie
shikki Lackarbeiten
shim- neu-
shima Insel
shima-jima Inseln
shimau,1 schließen; beenden
shimbun Zeitung
shimeru,2 etwas schließen
shimpai Angst; Sorge
shin- neu-
shindan Diagnose
shinju Perle
shinrui Verwandtschaft
shinseki Verwandtschaft
shinsen (na) frisch
shinsetsu Freundlichkeit
shinu,1 sterben

shinyô Glaubwürdigkeit; Vertrauen
shio Salz
shioppai salzig
shiraberu,2 prüfen
shirase Information; Bericht
shiro (o-) Schloß
shiroi weiß
shita unten; unter
shi-ten Filiale
shitsu Qualität
shitsumon Frage
shitsurei Unhöflichkeit
shizen Natur
shizen (na) natürlich
shizuka (na) ruhig
shô-hin Ware
shôjiki (na) ehrlich
shôkai suru vorstellen
shokken Verzehrbon (Lokal)
shokubutsu Pflanzen
shokudo Speiselokal
shokugyô Beruf
shokuji Mahlzeit
shokuyoku Appetit
shomei Unterschrift
shômei (suru) Beweis(en)
shônin Händler; Zustimmung
shôrai Zukunft
shôshô ein wenig
shôtai Einladung
shôyu (o-) Sojasoße
shufu Metropole
shûha Sekte
shujin Ehemann
shûkan Brauch; Woche
shukka suru verschiffen
shûkyo Glaube; Religion
shumi Hobby; Interesse
shuppatsu Abfahrt
shurui Art; Sorte
shuto Hauptstadt
shûzen Reparatur
sochira dorthin
sôdan Gespräch
sôji suru reinigen
soko dort
sono jene(r,s)
sora Himmel
sore das
sore-kara danach; dann; und
sore-tomo oder
soshite dann; nun; und
soto außen
subarashii wunderbar
sude ni schon
sugoi sagenhaft
sugo ni sofort
suika Wassermelone
suisu Schweiz
sukâto Rock
suki desu mögen
sukoshi etwas; wenig
sukunai wenig(e)
sumu,1 leben
suna Sand
supôtsu Sport
sûpu Suppe
supûn Loffel
suru tun; machen
sutêki Steak
suteki (na) wunderbar
suteru,2 wegwerfen
sutoppu stop
suwaru,1 sich setzen
suzushii kühl

T

ta Reisfeld
tabako Zigarette
taberu,2 essen
tabi-tabi oft
tabun vielleicht
tada nur
tada (no) umsonst
tadaima jetzt; gleich
tadashii ehrlich; korrekt
tai-/-tai gegen
taifû Taifun; Wirbelsturm
taiheiyô Pazifik
taihen (na) schwierig
taiseiyô Atlantik
taisetsu (na) wichtig
taitei gewöhnlich
taiyô Sonne; Ozean
taizai Aufenthalt
takai hoch; laut; teuer
take Bambus; Höhe; Länge; Körpergröße
taki Wasserfall
taku (o-) Wohnung
takusan (no) viel
takushii Taxi
tama Kugel; Ball
tamago Ei
tama-ni manchmal
tamashii Seele; Geist

tambo Reisfeld (trocken)
tana Regal
tango Wort
tani Tal
tanjôbi Geburtstag
tanomu,1 bitten um
tanoshii angenehm
taoru Handtuch
tasukeru,2 helfen; retten
tate-mono Gebäude
tatoeba z. B.
tatsu,1 abreisen; aufstehen
tawa Turm
tazuneru,2 (be)suchen
te Hand
têburu Tisch
te-gaki handgemalt
te-gami Brief
ten-in Verkäufer, -in
tenki (o-) Wetter
tennô Kaiser
te-nugui Handtuch
terebi Fernseher
te-sei handgearbeitet
tetsu(-dô) Eisen(bahn)
tetsudau,1 helfen
tobu,1 fliegen
tochi Erde; Land
tochû de unterwegs
todokeru,2 berichten
todoku,1 ankommen
tôge Bergpaß, Bergsattel
tôi weit
tokei (Armband-)Uhr
toki Augenblick; Zeit
tôki Porzellan
toki-doki ab und zu
toko Bett
tokoro Ort
tokoro-de übrigens
tokoro-ga aber
tokoya Friseur
toku ni besonders
toku-betsu no spezial
tomaru,1 übernachten
tonari Nachbar
torakku LKW
tori Vogel
toru,1 halten; nehmen
toshi-yori alt (Mensch)
toshokan Bücherei
totemo sehr
tozan(-sha) Bergsteigen (-er)
tsugi no nächste(r,s)
tsukeru,2 befestigen
tsuki Monat; Mond
tsuku,1 ankommen
tsukue Tisch, japanisch
tsuma Ehefrau, eigene
tsumaranai langweilig
tsumari nämlich; mehr oder weniger
tsuri Angeln
tsutomeru,2 angestellt sein
tsutsumu,1 einpacken
tsûyaku Dolmetscher

U

uchi Haus
ude Arm
ue ni oben
uêtâ/uêteresu Kellner/in
ugoku,1 bewegen, sich
uisukii Whisky
ukagau,1 besuchen; fragen (höfl.)
uke-tori Quittung
uma Pferd
umai gut; köstlich
umareru,2 geboren werden
ume Pflaume
umi Meer
unagi Aal
undô Bewegung; Sport
uni Seeigel
unten suru (selbst) fahren
uo Fisch
ura Rückseite
ureshii froh
urite Verkäufer
uru,1 verkaufen
urusai laut; störend
urushi Lack
usagi Hase
ushi Kuh
ushiro hinten
uso Lüge
uso o tsuku,1 lügen
uta Lied; Gedicht
utau,1 singen
utsu,1 schlagen
utsukushii schön; hübsch
uwagi Jacke

W

wa- japanisch-
wabi Vorliebe für Schlichtes/Einfaches
wai-shatsu Hemd
wakai jung
wakarimashita Ja, einverstanden!
wakaru,1 verstehen
wake Bedeutung; Grund
wakeru,2 teilen
wampiisu Kleid
wâpuro PC
warau,1 lachen
waribiki Ermäßigung
warui böse; falsch; schlecht
washi Japanpapier
wasureru,2 vergessen
wataru,1 überqueren

Y

ya und
yahari auch; ebenso
yakeru,2 brennen
yaki-mono Keramik
yakitsuke Fotoabzug
yaku etwa; fast
yaku,1 brennen; etw. grillen
yakunin Beamter
yakusoku Versprechen
yakuza Gangster (organ.)
yama Berg
yameru,2 aufhören
yane Dach
yaru,1 tun, geben
yasai Gemüse
yasashii sanft
yasui billig
yasumu,1 ausruhen
yawarakai mild; sanft; weich; zart
yô- westlich
yobu,1 rufen
yôchi-en Kindergarten
yogoreru,2 schmutzig machen
yôjin Vorsicht
yôkoso willkommen!
yoku genug; gründlich; gut; oft; voll
yome Braut
yomu,1 lesen
yorokobu,1 sich freuen
yoroshii sehr gut; zufriedenstellend
yoru Nacht
yoshi o. k.
yôsu Bedingung
yowai schwach
yoyaku Reservierung
yubi Finger
yûbin Post
yûbin-kyoku Postamt
yûbin-ya(-san) Postbeamter
yû-han Abendessen
yukai (na) lustig
yukata Hauskimono
yuki Schnee
yukkuri langsam
yûko (na) gültig
yume Traum
yumei berühmt
yunyu Import
yurusu,1 erlauben; zulassen
yûshoku Abendessen
yushutsu Export
yusu-hosuteru Jugendherberge, IYH
yûyake Abendrot

Z

zairyô Material
zannen (na) schade
zasshi Zeitschrift
zeikan Zoll
zeikin Steuer
zeitaku Luxus
zembu alles; ganz
zen- alles-, ganz-
zonjiru,2 (go-) wissen (höfl.)
zubon Hose
zuibun ziemlich; ganz

Der Autor

Martin Lutterjohann, Jahrgang 43, Diplom-Psychologe, seit mehr als einem Vierteljahrhundert verheiratet mit Sakae, die aus Tôkyô stammt; fast ebensolange kennt er Japan, das er zwischen 1970 und 1997 zehnmal besucht und wo er insgesamt mehr als zwei Jahre gelebt hat. Von Inseln südlich und östlich von Kyûshû bis Rishiri-to im äußersten Norden Hokkaidôs hat er vieles vom Land gesehen. Getreu seinem Hobby Bergsteigen kennt er die höchsten Gipfel der Hauptinseln, aber auch viele der berühmtesten Schreine, Tempel und Gärten. Dank eines Forschungsstipendiums des japanischen Erziehungsministeriums konnte er Mitte der 70er-Jahre über längere Zeit den Arbeitsalltag an zwei renommierten Universitäten kennenlernen und hat dabei so gründlich Japanisch sprechen gelernt, daß er es auch heute noch gut sprechen und viele Schriftzeichen lesen kann. Nach sechs Berufsjahren in Südostasien hat sich die Familie 1995 in Berlin niedergelassen, wo der Autor nach wie vor im Suchtbereich tätig ist.

Ebenfalls von Martin Lutterjohann im Reise Know-How Verlag erschienen: „KulturSchock Japan", „Reisehandbuch Malaysia & Singapur", „Thai Wort für Wort", „Malaiisch Wort für Wort" und „Kiwi-Slang das Englisch Neuseelands"